Richard Purkarthofer **Kierkegaard**

Das Denken von Sören Kierkegaard (1813–1855) kreist um die Existenz, um die Wirklichkeit des Menschen. Kennzeichnend für diesen ist die Verzweiflung, was vor allem in der Schrift *Die Krankheit zum Tode* deutlich wird. Es gibt demnach keinen einzigen Menschen, der nicht tief im Innersten eine Unruhe, eine Disharmonie, Angst vor einer Daseinsmöglichkeit oder Angst vor sich selbst hat. Der Verzweifelte könne »scheinbar doch recht gut als Mensch dahinleben ... und man merkt es vielleicht nicht, dass ihm im tieferen Sinn ein Selbst fehlt«. (Sören Kierkegaard). Doch Purkarthofer zeigt auch die weniger bekannte Seite Kierkegaards, der zufolge der Mensch eigentlich nur eine einzige Aufgabe hat: sich selbst gegenwärtig zu sein. Wirkliches Menschsein bedeutet für Kierkegaard, in beständiger Freude zu sein.

Richard Purkarthofer ist wissenschaftlicher Mitarbeiter an der Universität Frankfurt am Main im Fachbereich Evangelische Theologie. Er ist Mitherausgeber von *Kierkegaardiana*, Konsulent der historisch-kritischen dänischen Neuausgabe von Kierkegaards Schriften und Mitarbeiter an der neuen deutschsprachigen Kierkegaard-Edition.

Grundwissen Philosophie
Kierkegaard

von

Richard Purkarthofer

RECLAM
LEIPZIG

Wissenschaftlicher Beirat der Reihe
Grundwissen Philosophie:

Prof. Dr. Hartmut Böhme
Prof. Dr. Detlef Horster
Prof. Dr. Geert Keil
Prof. Dr. Ekkehard Martens
Prof. Dr. Barbara Naumann
Prof. Dr. Herbert Schnädelbach
Prof. Dr. Ralf Schnell
Prof. Dr. Franco Volpi

© Reclam Verlag Leipzig, 2005
Reclam Bibliothek Leipzig, Band 20302
1. Auflage, 2005
Reihengestaltung Grundwissen Philosophie:
Gabriele Burde
Zeichnung von N. C. Kierkegaard
© ullstein-ullstein bild
Foto auf der Umschlagrückseite
© Christian Møller Andersen
Gesetzt aus ITC Slimbach
Satz: Steffi Glauche, Leipzig
Druck und Bindung: Reclam, Ditzingen
Printed in Germany
ISBN 3-379-20302-5

www.reclam.de

ὁ δὲ ἀνεξέταστος βίος οὐ βιωτὸς ἀνθρώπῳ

»Denn das ungeprüfte Leben ist für den Menschen unlebbar«

Sokrates, Apologie 38a

»Nein, jetzt hör aber auf, Sören! Dir fehlt bei Gott nichts anderes als deine alte, dumme Gewohnheit, einen krummen Rücken zu machen. So wie du dasitzt, da muss man ja krank werden. Richte bloß den Rücken gerade, steh auf, dann ist die ganze Krankheit vorbei! So viel kann ich dir sagen.«

Johan Christian Lund, Sören Kierkegaards Schwager

Inhalt

Kierkegaard – ein Denker der Moderne   9
Leben und Werk   13
Ästhetik und Ethik   29
»Die Wiederholung«   35
Der Schauder des Gedankens   39
Das Paradox   49
Existenz und Mitteilung   56
Verzweiflung   72
Angst und Vergebung   84
Die Aufgabe des Menschen   90
Zu Stil und Form   102

Anmerkungen   107
Kommentierte Bibliografie   112
Schlüsselbegriffe   118
Zeittafel   122

Kierkegaard – ein Denker der Moderne

»Wenn es kein ewiges Bewusstsein in einem Menschen gäbe, wenn allem nur eine wild gärende Macht zu Grunde läge, die, in dunklen Leidenschaften sich windend, alles hervorbrächte, was groß und was unbedeutend ist, wenn eine bodenlose Leere, unersättlich, sich unter allem verbergen würde, was wäre dann das Leben anderes als Verzweiflung? Wenn es sich so verhielte, wenn es kein heiliges Band gäbe, das die Menschheit verknüpfte, wenn ein Geschlecht nach dem anderen hervorgebracht würde wie das Laub im Walde, wenn das eine Geschlecht das andere ablöste wie der Gesang der Vögel im Walde, wenn das Geschlecht durch die Welt zöge wie das Schiff durch die Wogen, wie der Wind durch die Wüste, ein gedankenloses und unfruchtbares Treiben, wenn ein ewiges Vergessen, immer hungrig, auf seine Beute lauerte und keine Macht stark genug wäre, sie ihm zu entreißen – wie wäre dann das Leben leer und trostlos! Aber so ist es denn ja auch nicht, und so, wie Gott Mann und Weib erschaffen hat, ebenso formte er den Helden und den Dichter oder Erzähler.«[1]

Sören Kierkegaard (1813-1855) beginnt seine »Lobrede auf Abraham«, publiziert unter dem Pseudonym Johannes de silentio, mit diesem Blick auf den Menschen in der Moderne. Die Tradition, der Zusammenhang der Generationen, erscheint hier nicht nur als fraglich – das war sie mehr oder weniger immer schon –, sondern schlicht als unverständlich.

Keine Verallgemeinerungsfähigkeit, keine Evidenz, keine Ableitung aus einem ersten Prinzip – sei es Geist, Atom, Substanz, Subjekt oder Subjektivität –, keine einheitliche Methode und später dann auch keine Diskursrationalität oder verzweifelt »kleine Erzählungen« schützen den Menschen in der Moderne mehr vor der Einsicht in diese seine Situation:

Ein vielfach fragmentiertes Wesen sieht sich einer Welt in Scherben gegenüber. Das Sein selbst scheint brüchig geworden, das Denken noch viel mehr. *Furcht und Zittern* heißt das Buch, aus dem das obige Zitat stammt. Geschrieben wurde es 1843 in Berlin, in jener Stadt also, in der ein gutes Dutzend Jahre zuvor Georg Wilhelm Friedrich Hegel (1770-1831) noch ein letztes Mal versucht hatte, eine systematische und durchgängige Beschreibung und Erklärung der zusammenhängenden Wirklichkeit zu liefern. Die dialektische Methode, gestützt auf die Identität von Sein und Denken, bis Parmenides (ca. 515/510 – nach 450 v. Chr.) unausgesprochene, danach explizite Voraussetzung der abendländischen Philosophie, sollte den Zusammenhang der Wirklichkeit verbürgen und dessen Darstellung leisten. Mit imposanter Geste wollte Hegel die Wirklichkeit auf den Begriff bringen und damit in den Griff bekommen. Bloße Gestikulation! – tönt es vielfach aus den Schriften des dänischen Denkers.

Erstaunlich scharfsichtig hat Kierkegaard die Probleme, mit denen wir es vielfach auch heute noch zu tun haben, erfasst und beschrieben. Aktuell und lesenswert aber macht ihn, dass er sich nicht wehleidig aus der oben skizzierten Situation zurückgezogen hat. Der Dichter oder Erzähler nämlich kann dafür sorgen, dass der Gang des Menschen nicht wie der des Schiffes durch die Wogen ist. Er hat die Möglichkeit, einen Zusammenhang zu stiften, in dessen Erzählung der Mensch seine eigene Identität findet. Damit wurde Kierkegaard freilich auch zum Vorläufer jener Generationen von Theologen und Literaten, bei denen sich Spiritualität in die Literatur hinein flüchtete, vielfach auch verflüchtigte.

Gerade Kierkegaards literarische Kunst und die wesentliche Rolle, die sie für sein Denken spielte, ist nach wie vor zu wenig beachtet. Ob man ihn nun für den größten Prosaisten der dänischen Sprache hält, wie er selbst es tat, oder bloß für einen etwas schrulligen Theologen oder verstiegenen Philosophen: eine weitreichende Wirkung hatte und hat der dänische Denker allemal. Für seine Zeitgenossen war sie zunächst in dem auf eigene Faust geführten gewaltigen Angriff auf die dänische Kirche spürbar. Später empfingen verschiedene theologische Richtungen wesentliche Anregungen. Die Philosophie des Dialogs, von Ferdinand Ebner (1882–1932) bis hin zu Emmanuel Levinas (1906–1995), wurde durch die Auseinandersetzung mit Kierkegaard wesentlich geprägt. Lange Zeit wurde er auch als »Vater des Existenzialismus« betrachtet, was auch zutrifft, zumindest wenn man die ödipale Komponente im Verhältnis der Existenzialisten zu diesem »Vater« nicht unterschätzt. Sein Einfluss auf Martin Heidegger (1889–1976) ist bei weitem noch nicht ausgelotet. Außerdem gehört er seit etwa 1870 zum selbstverständlichen Bezugspunkt literarischen Schaffens und Rezipierens der modernen skandinavischen – später auch der deutschsprachigen – Literaturen. Und die Literatur des Fin de Siècle, der »fröhlichen Apokalypse«, meinte in Kierkegaards Schriften die ästhetisierte Zerrissenheit ihrer Zeit wiederzufinden, die – selbst voller Esprit und Ästhetik – gerade das ästhetische Individuum kritisierte. Für Postmodernismus und Dekonstruktivismus ist er nach wie vor Gegenstand lebhafter Diskussion. Gerade der Dekonstruktivismus hat den Blick für die Intertextualität und Polyperspektivität eines literarischen Korpus geschärft, das sich einer eindeutigen Festlegung immer wieder im hyperboreischen Nebel von Vielschichtigkeit und in einem ausgeklügelten Netz von pseudonym erschienenen Schriften zu entziehen scheint.

Neben den genannten und zahlreichen weiteren Formen der Wirkung, die zumindest zum Teil recht gut dokumentiert sind, gibt es eine Rezeptionsart, deren Spuren kaum auszumachen sind. Und doch setzte sie schon zu Kierkegaards Lebzeiten – und damit früher als alle anderen – ein. Sie zeigt sich zum Beispiel in folgendem anonymen und armselig formulierten, mit ungelenker Hand geschriebenen Brief. Aufgehoben hat Kierkegaard dieses Schreiben an ihn freilich; mit welch gemischten Gefühlen er es zur Kenntnis genommen hat, wissen wir allerdings nicht. »Von einem unbedeutenden, von dem diese Zeilen zeugen wie auch in der bildung, dem aber doch *die* Gabe geschenckt ist, Ihre Schriften zu erfassen und zu empfangen, die Ebenso gut für Den sind, der nichts von dem empfangen hat, was die Welt güter nennt, fühle ich etwas Mächtiges in meinem inneren, das zu sagen ich nicht unterlassen kann. Weit dafon, mich zu Jenem Einzelnen zu rechnen – aber doch zu dem Ewig Dankbaren für jädes Wort das von Ihrer Hant ausgeht.«[2]

Leben und Werk

»Du musst etwas tun!« Diesen originellen Einfall schreibt Kierkegaard einem gewissen Johannes Climacus zu, der in einem Park bei einem Konditor sitze und eine Zigarre rauche. Climacus sinnt über sein bisheriges Leben nach, das er hauptsächlich mit Studieren verbracht hat. Scharfsichtig bemerkt er, dass, wohin man auch blickt, die Wohltäter der Zeit den Menschen dadurch nützen, dass sie das Leben immer leichter machen: durch Eisenbahnen, Omnibusse, Dampfschiffe oder etwa durch das Telegrafieren. Andere erweisen der Menschheit durch leicht verständliche Überblicke und knappe Mitteilungen von allem Wissenswerten einen Dienst. Die wahren Wohltäter nützen ihren Zeitgenossen hingegen, so Climacus, »indem sie die Geistesexistenz kraft des Gedankens systematisch immer leichter und doch immer bedeutungsvoller machen: und was tust du?«[1] Hier nun muss er seinen Gedankengang unterbrechen, um sich eine neue Zigarre anzuzünden; und plötzlich durchfährt ihn der Gedanke: »Du musst etwas tun! Aber da es für dich mit deinen beschränkten Fähigkeiten unmöglich sein wird, etwas noch leichter zu machen, als es ohnehin schon geworden ist, so musst du, mit derselben begeisterten Menschenliebe wie die anderen, dich der Arbeit unterziehen, etwas schwerer zu machen.«[2] Ein für Climacus behaglicher Gedanke, ahnt er doch schon ein entsprechendes Bedürfnis derer, die alles leichter machen wollen, auch auf die Gefahr hin, dass die Leichtigkeit eines Tages überhand nehmen wird. Denn, so räsoniert er weiter: »Wenn bei einem Gastmahl, wo sich die Gäste schon den Magen überladen haben, einer darauf bedacht ist, noch mehr Gerichte herbeizuschaffen, ein anderer darauf, ein Brechmittel bereitzuhalten, so ist ja wohl wahr, dass nur der Erste erfasst hat, was die Gäste fordern, aber ob der andere sich nicht doch auch sagen darf, bedacht zu haben, was sie fordern könnten?«[3] Deshalb beschließt Climacus, »überall Schwierigkeiten zu machen«. Er fängt damit beim Leichtesten an, bei etwas, was so einfach scheint: beim Existieren. Er fragt nicht, was es heißt oder was es bedeutet, ein Mensch zu sein; er fragt: Was *ist* »ein Mensch sein«? Was so leicht zu sein scheint, erweist sich als eine ungeheuer komplexe Sache. Es ist eines der Hauptthemen in der umfassenden *Abschließenden unwissenschaftlichen Nachschrift*, die unter Kierkegaards Pseudonym Johannes Climacus erschienen ist. Kierkegaards ganzes Denken kreist ja um die Existenz, um die Wirklichkeit des Menschen. Darin liegt seine Größe und seine Tragik – und natürlich auch seine Komik. Denn nur zu gut weiß er, dass das Denken die Wirklichkeit niemals erreichen kann, da das Denken die Wirklichkeit in Möglichkeit verwandelt. Eine gedachte Wirklichkeit ist eben nur eine Möglichkeit. Man muss Climacus zugestehen, dass er einen guten Ausgangspunkt gewählt hat, um »überall Schwierigkeiten zu machen«.

Glücklicherweise ist es aber etwas einfacher, einen verständlichen Überblick zu schreiben, um eine »knappe Mitteilung von allem Wissenswerten« zu geben. Doch auch dabei gilt es – mit Climacus – nicht nur zu bedenken, was der Leser oder die Leserin fordert, sondern auch, was sie fordern könnten. Eine einführende Schrift mit den Kernthesen in Kierkegaards Werk sollte deshalb nicht nur dafür Sorge tragen, noch einen Gang aufzutischen, sondern ebenso dafür, ein Vomitiv bereitzuhalten. Diese beiden Dinge liegen glücklicherweise im Falle von Kierkegaards Leben und Werk nie allzu weit auseinander. Kierkegaards Leben und Werk sind so eng verschlungen wie bei kaum einem anderen Denker. Das ist nicht weiter verwunderlich, wenn man bedenkt, dass es ihm um die Wirklichkeit des konkreten, einzigartigen und unvertretbaren Individuums geht. Obwohl er ein kluger Beobachter war, kannte er dieses Individuum natürlich aus erster Hand nur von sich selbst. Man kann das freilich auch gegen ihn verwenden und sein Denken und seine Einsichten mit dem Hinweis auf seine Biografie abwerten.

Die Szenerie für Kierkegaards Leben bildet hauptsächlich Kopenhagen – die Königliche Residenz- und Hauptstadt, die Kierkegaard mit Wort und Blick von außen als »Krähwinkel« bezeichnet und an der er zeitlebens mit ganzem Herzen hängt. Abgesehen von vier Aufenthalten in Berlin, je einer Reise nach Schweden und nach Jütland, in die Heimat des Vaters, sowie den ausgedehnten Kutschfahrten ins Umland verlässt er die Stadt nicht, die Mitte der dreißiger Jahre des 19. Jahrhunderts etwa 120 000 Einwohner zählt. Hier wurde Sören Aabye Kierkegaard als jüngstes von sieben Geschwistern am 5. Mai 1813 geboren. Zu diesem Zeitpunkt war sein Vater Michael Pedersen Kierkegaard bereits sechsundfünfzig Jahre alt. Die Mutter, Ane Sörensdatter Lund (1768–1834), wird in den Schriften Kierkegaards nie namentlich erwähnt. Sie war als Dienstmädchen aus der Provinz nach Kopenhagen gekommen. Kurz nach dem Tod seiner ersten Frau – diese erste Ehe blieb kinderlos – heiratete Michael Pedersen Kierkegaard sein Dienstmädchen Ane etwas überstürzt, da sie von ihm schwanger war. Sie hatte keine bürgerliche Bildung erhalten und konnte vermutlich auch nicht schreiben. Daraus schließen manche, dass sie für Kierkegaard von untergeordneter Bedeutung gewesen sei. Wir wissen aber, dass ihr Tod im Jahr 1834 ihn sehr tief getroffen hat. Vielleicht haben seine Wertschätzung für die einfachen Leute, die Kierkegaard zeitlebens – wenn auch nicht unverkrampft – beibehalten hat, sowie der Wert, den er auf einen unreflektierten, unmittelbaren Zugang zum Leben legt, mit seiner Mutter zu tun. Der Bruder Peter Christian Kierkegaard hat in der Rede beim Begräbnis von Sören Kierkegaard darauf hingewiesen, dass er in seinen Schriften viele Worte seiner Mutter aufbewahrt hat. Auch die Beziehung zu seiner Mutter ist etwas, worüber Kierkegaard, vielleicht gerade aufgrund ihrer Bedeutung, geschwiegen hat. Die meisten seiner Geschwister starben früh. Sören Mikael (1807–1819) starb zwölfjährig nach einem

Unfall in der Schule. Maren Kirstine (1797–1822) starb, als Sören acht Jahre alt war. Niels Andreas (1809–1833) wurde gezwungen, eine kaufmännische Lehre zu machen, obwohl er lieber studiert hätte. Er war einer der ersten dänischen Auswanderer in Nordamerika. Er reiste nach Boston und von dort weiter nach Paterson, New Jersey, wo er nach kurzer, heftiger Krankheit im Alter von vierundzwanzig Jahren starb. Nicoline Christine (1799–1832) und Petrea Severine (1801–1834) starben beide im Kindbett. All die Todesfälle geliebter Menschen müssen traumatische Erlebnisse für Kierkegaard gewesen sein.

Der Einzige, der Sören überlebte, ist Peter Christian (1805 bis 1888). Er studierte Theologie in Kopenhagen und erhielt seinen Doktorgrad in Göttingen, wo er wegen seiner rhetorischen Fähigkeiten »der Disputierteufel aus dem Norden« genannt wurde. Er wurde Pfarrer, später Bischof von Aalborg und für kurze Zeit auch Kultusminister. Er war äußerst wankelmütig und wurde von seinem Bruder als »pussilanimus« (kleinmütig, verzagt) beschrieben. Zwischen diesen beiden gab es stets eine Rivalität um die Anerkennung des Vaters. 1875 gab Peter Christian die Bischofswürde auf, 1879 schickte er seine Auszeichnungen und Orden (Ridder af Dannebrog) an die Regierung zurück, weil er sich ihrer zunehmend als unwürdig betrachtete. Die Einkünfte aus dem Wiederabdruck von Sören Kierkegaards Schriften spendete er für wohltätige Zwecke, obwohl er manchmal große finanzielle Sorgen hatte. Peter Christian Kierkegaard starb am 24. Februar 1888, im Alter von zweiundachtzig Jahren, in geistiger Umnachtung. Die Beziehung zu seinem Bruder war für Sören zweifellos wichtig – nicht zuletzt wegen des Verhältnisses zum Vater.

Der Vater selbst jedenfalls spielte eine entscheidende Rolle für Kierkegaard. Michael Pedersen Kierkegaard (1756–1838) war ein gebürtiger Jüte, der es vom armen Hirtenjungen in Westjütland zum angesehenen und überaus reichen Händler in Kopenhagen gebracht hatte. Als schwermütiger Mensch sah er in diesem Erfolg aber nicht den Segen Gottes, sondern die Auswirkung des subtilsten Fluches, der auf einem Menschen liegen konnte. Er war der Staatskirche, vor allem wegen Bischof Jakob Peter Mynster (1775-1854), treu verbunden, besuchte aber auch regelmäßig die Versammlung der Herrenhuter in Kopenhagen. Die Herrenhuter waren im damaligen Kopenhagen eine Alternative zur rationalistischen Theologie, die zu Beginn des 19. Jahrhunderts bei großen Teilen der Geistlichkeit in Dänemark vorherrschte. Michael Pedersen Kierkegaard unterstützte die Brüdergemeinde, wie sie auch genannt wurde, ökonomisch. Als man 1816 beschloss, ein neues Versammlungshaus für etwa 600 Menschen zu bauen, stand er dem Baukomitee vor. Die Herrenhuter haben ihren historischen Ursprung in der tschechischen Reformation und im Pietismus, aber auch eine spirituelle Tradition mit Wurzeln, die bis zur Devotio moderna (einer der deutschen Mystik verwandten religiösen Erneuerungsbewegung des 14. bis 16. Jahrhunderts) zurückreichen. Sie hegten Vorbehalte gegenüber kirchlicher Institutionalisierung. Großen Wert legten sie auf eine integre persönliche Lebensführung, die nicht auf intellektueller Einsicht, sondern auf Verinnerlichung und Umkehr fußte. Noch viele Jahre später hat Kierkegaard die düstere Welt dieses Christentums und die Erziehung durch den strengen Vater miteinander in Verbindung gebracht. Etwa zehn Jahre nach dem Tod des Vaters schreibt Kierkegaard: »Als Kind wurde ich streng und ernst im Christentum erzogen, menschlich gesprochen: auf wahnsinnige Weise erzogen: Bereits in der frühesten Kindheit hatte ich mich an Eindrücken überhoben, unter denen der schwermütige Greis, der sie mir auferlegt hat, selbst zusammenbrach – ein Kind, wahnsinnig, als schwermütiger Greis verkleidet. Furchtbar! Kein Wunder also, dass es Zeiten gab, in denen mir das Christentum als unmenschlichste Grausamkeit erschien, wenn ich auch niemals, selbst wenn ich am weitesten davon entfernt war, den Respekt dafür aufgab, fest entschlossen, besonders wenn ich selbst nicht wählen sollte, ein Christ zu werden, niemals jemanden in jene Schwierigkeiten einzuweihen, die ich kannte und die ich in dem, was ich las oder hörte, niemals erwähnt fand.«[4]

Und ein Jahr später schreibt er in freudianischem Ton: »Es ist furchtbar, die Leichtsinnigkeit und Gleichgültigkeit und Selbstsicherheit zu beobachten, mit der Kinder erzogen werden: und doch ist jeder Mensch wesentlich das, wozu er als Zehnjähriger geworden ist; und doch wird man finden, dass beinahe alle ein Gebrechen aus der Kindheit mit sich tragen, das sie selbst in ihrem 70. Jahr nicht verwinden können; zudem leiden alle unglücklichen Individualitäten für gewöhnlich an einem verkehrten Kindheitseindruck. Oh, wehmütige Satire über das Menschengeschlecht: dass die Vorsehung deswegen beinahe jedes Kind so reichlich ausgestattet hat, weil sie im Voraus wusste, was ihm bevorsteht: dass es von ›Eltern‹ erzogen werden wird, d.h., verpfuscht werden wird, soweit ein Mensch es vermag.«[5]

Auch die Schule, die er besuchte, scheint ihm nicht viel Abwechslung geboten zu haben. Erst in der Zeit des Studiums gelang es Kierkegaard, sich von seinem strengen Elternhaus zu distanzieren. Er immatrikulierte sich im Herbst 1830 an der Universität Kopenhagen. Nach den vorgeschriebenen »Examen philologico-philosophicum« (Latein, Griechisch, Hebräisch, Geschichte, Mathematik und Philosophie) wendete er sich dem Modestudium der Theologie zu. In dieser Zeit nahm er auch Privatunterricht bei Hans Lassen Martensen (1808–1884), der ihn in die Dogmatik von Friedrich Schleiermacher (1768–1834) einführte. Zu diesem Zeitpunkt verstanden sich Martensen und Kierkegaard noch gut, auch wenn Martensen bei Kierkegaard einen Hang zur Sophistik beanstandete und dieser wiederum »Vornehmtuerei« bei Martensen entdeckt haben wollte. Kierkegaard war ein Intellektueller erster Generation. Das zeigt sich in seinem weder selbstgewissen noch selbstverständlichen Umgang mit akademischer Bildung, vielleicht auch in einer Animosität gegenüber akademisch erfolgreichen Zeitgenossen. Mag sein, dass er aber eben deswegen einen unverstellten, selbstständigen und tiefgründigeren Blick entwickeln konnte. Seine Arbeits- und Denkweise ist jedenfalls davon geprägt. Tiefer gehende Untersuchungen zu diesem Thema stehen noch aus – die Psychohistorie steckt als Disziplin trotz allem noch in den Kinderschuhen.

Ab etwa 1834/35 interessierte ihn das Studium nicht mehr so recht. Das ist freilich nicht weiter verwunderlich. Wir erinnern uns, dass er in den Jahren 1832 bis 1834 einen Bruder, zwei Schwestern und seine Mutter verloren hat. Erst nach dem Tod des Vaters im Jahr 1838 nahm er das Studium wieder ernst. In der Zwischenzeit aber lehnte er sich gegen die strengen Ideale und extreme Sparsamkeit des Elternhauses auf, indem er als Dandy durch das provinziell kleine Kopenhagen flanierte, viel Geld für Kleidung und Getränke ausgab, sich in Cafés die Zeit vertrieb und sich häufig in Theater und Oper sehen ließ. Die hohen Schulden hatte der Vater zu begleichen. Mit dem Tod des Vaters im August 1838 wird diese Art des Aufruhrs überflüssig: Gerade einem Toten, meint Kierkegaard, kann man sich nicht mehr entziehen. Kierkegaard betrachtete den Tod als das letzte Opfer des Vaters, damit aus ihm noch etwas werden kann. Dem Wunsch des Vaters gemäß bereitete er sich ernsthaft auf die abschließenden Prüfungen vor und gab noch im selben Jahr sein Erstlingswerk, *Aus den Papieren eines noch Lebenden,* heraus. Es ist nicht nur Kierkegaards erstes Buch, sondern zugleich auch das erste, das über den damals schon bekannten Hans Christian Andersen (1805–1875) geschrieben wurde. Eigentlich ist es eine zu lang geratene Besprechung von Andersens Roman *Nur ein Spielmann.* Sie hat Andersen nicht wenig geschmerzt. Kierkegaards Kritik läuft darauf hinaus, dass es Andersen an einer Lebensanschauung fehle, die allein dem Kunstwerk eine ästhetische Einheit verleihen kann. Die Einheit komme also notgedrungen von anderswo: aus Andersens Biografie. Deshalb sei sein künstlerisches Schaffen keine Produktion, sondern eher eine Amputation. Andersens Person dränge sich dem Leser also auf. Das Problem einer Lebensanschauung, die Einheit und Zusammenhang stiftet, war in diesen Jahren ein wichtiges Anliegen für Kierkegaard – vielleicht hat er hier zugleich eine Selbstkritik geschrieben.

Am 8. September 1840 verlobt er sich mit Regine Olsen (1822–1904). Danach beginnt er mit seiner Dissertation *Über den Begriff der Ironie mit ständiger Rücksicht auf Sokrates*, die er Ende September 1841 verteidigt. In dieser Schrift, die er später nicht zu seinem Werk rechnet, stellt er die Frage nach der Wirklichkeit ausdrücklich in einem theoretischen Zusammenhang. Im philosophisch-historischen Teil der Dissertation untersucht er Sokrates (ca. 469–399 v. Chr.) als Ironiker. Die sokratische Ironie sei Ausdruck einer vorbehaltlosen Skepsis gegenüber der ethischen Ordnung der Dinge. Gesellschaftliche Werte werden im ironischen Abstandnehmen nicht mehr als verpflichtend anerkannt. Als Redefigur bedeutet Ironie nämlich, eines zu sagen, aber etwas anderes zu meinen. Daher könne der Ironiker auf nichts Definitives festgelegt werden. Er distanziere sich so von den geltenden Normen. Es stelle sich ein Gefühl der Überlegenheit gegenüber all denen ein, die sich an diese Normen halten. Damit werde der Ironiker auf sich selbst, auf seine Subjektivität als Norm seines Handelns zurückgeworfen. Kierkegaard sieht dies als die große Errungenschaft des Sokrates an: Dadurch wird er frei im Verhältnis zu seiner Umwelt. Diese Bewegung betrachtet er als unverzichtbar für jedes echt humane Leben. Das Problem dabei ist, dass der Ironiker gleichzeitig auch die Wirklichkeit verliert. Sokrates habe allerdings gar nicht das Bedürfnis, diese Wirklichkeit zurückzugewinnen. Später sollte Kierkegaard dieses Sokrates-Verständnis revidieren, an der befreienden Wirkung der Ironie, die es ermöglicht, sich zu distanzieren, jedoch festhalten.

Im zweiten Teil der Dissertation untersucht Kierkegaard die romantische Ironie des »Jungen Deutschland« (ca. 1830 bis 1850). Die Vertreter dieser Ironie haben laut Kierkegaard die befreiende Wirkung der Ironie verstanden, zugleich aber auch erkannt, dass damit ein Weltverlust einhergeht. Sie würden im Gegensatz zu Sokrates jedoch versuchen, die verlorene Wirklichkeit wiederzugewinnen, eine Versöhnung mit ihr anzustreben. Ihr Problem bestehe darin, dass sie lediglich die durch die eigene Fantasie geschaffene Wirklichkeit anstreben; deswegen sei ihre Versöhnung eine mit einer fantastischen Wirklichkeit. Tief im Inneren wüssten diese Ironiker, dass sie sich mit einer selbst geschaffenen Wirklichkeit versöhnen. Kierkegaard schlägt nun als mögliche Lösung eine »beherrschte Ironie« vor. Darüber verliert er zwar nicht viele Worte. Die Problemformulierung, die rhetorische und existenziell verstandene Ironie, die Figur des Sokrates und zum Teil die Auseinandersetzung mit der Romantik bleiben jedoch bestimmend für Kierkegaards Werk.

Im Oktober 1841 hebt Sören Kierkegaard die Verlobung mit Regine Olsen auf. Zuvor hat er durch widerwärtiges Verhalten vergeblich versucht, sie dazu zu bewegen, ihrerseits die Verlobung aufzulösen. Am 25. Oktober war er bereits auf dem Weg nach Berlin, teilweise wohl auch, um sich dem Skandal um die Auflösung der Verlobung zu entziehen. Dort hielt er Kontakt mit seinem Freund Emil Boesen; und in einem seiner Briefe an ihn heißt es: »In ebendem Maß, in dem ich fühle, ein außergewöhnlicher Erotiker zu sein, in ebendem Maß weiß ich, dass ich ein schlechter Ehemann bin und immer bleiben werde. Das Eine steht leider immer oder so gut wie immer im umgekehrten Verhältnis zum Anderen [...]. Ich unterschätze mich hier nicht selbst, aber mein geistiges Leben und meine Bedeutung als Ehemann sind ungleiche Größen.«[6]
Mit dieser Aussage kommt man vielleicht so nahe an den Grund für die Aufhebung der Verlobung heran wie möglich. Verwinden sollte Kierkegaard diese unerfüllte Beziehung sein ganzes Leben nicht. In Berlin blieb er vier Monate. Er besuchte dort unter anderem Schellings Vorlesungen über die *Philosophie der Offenbarung*. Darin geht es um die so genannte zweite Philosophie von Friedrich Schel-

ling (1775-1854). Sie beschäftigt sich nicht mit dem, *was* etwas ist, sondern mit dem *Dass* eines Seins. Sie hat sozusagen die Wirklichkeit selbst als Aufgabe. Kierkegaards anfängliche Begeisterung schlägt schnell um in Enttäuschung. »Schelling faselt ganz unerträglich«, schreibt er an seinen Bruder in Kopenhagen: »Ich bin zu alt, um Vorlesungen zu hören, ebenso wie Schelling zu alt ist, sie zu halten.« Es ist nicht sicher, ob sich Kierkegaard im Klaren darüber war, dass einige seiner wichtigen Kritikpunkte an der spekulativen Philosophie hier von Schelling vorweggenommen sind. Auch Kierkegaard wird den Unterschied zwischen dem *Was* eines Seins und dem *Dass* eines Seins, zwischen Essenz und Existenz gegenüber der spekulativen Philosophie einklagen. Viel mehr als Schellings Ausführungen interessierte ihn aber die eigene Arbeit an *Entweder-Oder*, von dem ein großer Teil in Berlin entstanden ist. Nach der Rückkehr im November 1842 stellte er das Manuskript fertig und am 20. Februar 1843 erschien das erste große Werk Kierkegaards unter dem Pseudonym Victor Eremita. Kurz darauf, auf seinen 30. Geburtstag datiert, erschienen die *Zwei erbaulichen Reden* von 1843 unter eigenem Namen. Dann folgten erstaunlich rasch weitere erbauliche Reden, alle unter eigenem Namen – mit den beiden erwähnten zusammen sind es achtzehn Reden. Die Reihe dieser frühen erbaulichen Reden wurde im April 1845 mit *Drei Reden bei gedachten Gelegenheiten* abgeschlossen.

Zunächst meint »erbaulich« eine bestimmte literarische Gattung, die Kierkegaard freilich in mehreren Formen präsentiert und für die er unterschiedliche Bezeichnungen findet. Diese orientieren sich etwa am Inhalt oder an bestimmten liturgischen Erfordernissen. Kierkegaard vermied die Bezeichnung »Predigten«, da er kein ordinierter Pfarrer war und deshalb keine solche Autorität für sich beanspruchte. Die Reden unterscheiden sich von den unter Pseudonymen erschienenen »ästhetischen« Schriften deutlich. Es ist nicht so einfach festzustellen, was »erbaulich« für Kierkegaard bedeutet. Man kann aber sagen, dass das Erbauliche für ihn einen zunächst abschreckenden Charakter hat; es beginnt mit dem Entsetzlichen, wie er sagt. Aber es hat auch einen Grund, von dem her etwas aufgebaut werden kann. Dieser Grund ist das allgemein Menschliche, also das, worin alle Menschen gleich sind. Um diesen Grund freizulegen, auf dem dann aufgebaut werden kann, bedarf es einer gewissen »Negativität«. Die »ästhetischen« Schriften werden nicht deswegen so bezeichnet, weil sie etwa eine höhere literarische Qualität hätten – tatsächlich ist einigen der Reden eine erstaunlich kunstvolle Form zu Eigen. Während das Erbauliche aber auf das allgemein Menschliche zielt, spielen die ästhetischen Schriften mit den Differenzen der Menschen, z. B. was deren philosophische Bildung betrifft. Die pseudonymen Werke erscheinen häufig nicht nur zeitgleich mit den erbaulichen, sondern enthalten oftmals auch thematische Bezüge zu ihnen. Von seiner zweiten Berlinreise im Mai 1843 brachte Kierkegaard etwa die Manuskripte *Die Wiederholung* und *Furcht und Zittern* mit nach Kopenhagen, die dann zusammen mit Reden veröffentlicht wurden. Unter anderen Pseudonymen veröffentlichte er im Juni 1844 *Philosophische Brocken* und gleich darauf *Der Begriff Angst* und *Vorworte*. Ende April 1845 kommt *Stadien auf des Lebens Weg* auf den Markt. Kierkegaard hatte vor, mit der ebenfalls unter einem Pseudonym publizierten *Abschließenden unwissenschaftlichen Nachschrift zu den philosophischen Brocken* Ende Februar 1846 die ganze schriftstellerische Tätigkeit abzuschließen. Dieses umfangreiche Werk endet mit einer »ersten und letzten Erklärung«, in der sich Kierkegaard zu den Pseudonymen Victor Eremita, Johannes de silentio, Constantin Constantius, Vigilius Haufniensis, Nicolaus Notabene, Johannes Climacus, Hilarius Buchbinder, William Afham, Assessor Wilhelm und Frater Taciturnus bekennt und die unter ihrem Namen erschienenen Werke als eigene zu erkennen gibt. Er meinte damit wirklich ans Ende seiner Laufbahn als Homme de Lettres gekommen zu sein und überlegte, Pfarrer in der Provinz zu werden.

Im Dezember 1845 wurde jedoch in einer literarischen Abhandlung die pseudonyme Schrift *Stadien auf des Lebens Weg* kritisch besprochen. Die in einem sehr persönlichen Ton gehaltene Rezension erwähnte auch missbilligend, wie Kierkegaard seinerzeit seine Verlobte Regine Olsen behandelt hatte. Kierkegaard kannte den Verfasser, Peder Ludvig Möller (1814–1865). Er wusste, dass Möller darüber hinaus anonym für ein satirisches Wochenblatt, für den *Corsaren*, arbeitete. Kierkegaard wurde bis dahin im *Corsaren* immer mit Respekt behandelt. Jetzt bat er darum, ebenfalls verhöhnt zu werden, da es für ihn kompromittierend sei, in einem derartigen Blatt gelobt zu werden. Die Herausforderung wurde angenommen; es kam für Kierkegaard viel schlimmer als erwartet. Sein ohnehin wenig vorteilhaftes Äußeres wurde aufs Schlimmste karikiert und er wurde der öffentlichen Demütigung ausgesetzt. Diese Phase dauerte viel länger als bisher angenommen. Tatsächlich erschien der letzte Artikel gegen ihn im Januar 1855.[7] Nach diesen Erfahrungen gab er seine früheren Pläne auf, denn die literarischen, sozialen und politischen Umstände hätten gerade einen »Außerordentlichen« wie ihn nötig, der sich für die Redlichkeit einsetzt.

Die erste Schrift, die nach diesen bitteren Erfahrungen erschien, *Eine literarische Anzeige. Zwei Zeitalter,* ist denn auch zeitkritisch. Seine eigene Zeit wird darin mit der der Revolution verglichen. Das Ergebnis: Der Gegenwart mangle es an Leidenschaft. Die weiteren Schriften, die Kierkegaard von nun an meist unter eigenem Namen herausgibt, haben auch einen anderen Charakter als jene vor der *Nachschrift*. Es handelt sich dabei um sechs Sammlungen von Reden. 1849 erscheint das anthropologische Hauptwerk, *Die Krankheit zum Tode,* unter dem Pseudonym Anti-Climacus, wobei Kierkegaard als Herausgeber auftritt. Ebenso verhält es sich mit dem christologischen Hauptwerk, *Einübung im Christentum*, von 1850. Neben einigen kleineren Schriften ist noch der Text *Über meine schriftstellerische Tätigkeit* zu erwähnen. Er wurde im August 1851 veröffentlicht; es handelt sich um eine autobiografische Skizze. Hier deutet Kierkegaard die Entwicklung seines literarischen Schaffens: vom Dichter, vom Ästhetischen, von den Pseudonymen hin zur Innerlichkeit des Glaubens, zur christlichen Forderung entweder der Nachfolge Christi oder zumindest zum Eingeständnis, nicht wirklich christlich zu leben. Selbst sei er ohne Autorität, er wolle nur aufmerksam machen – auf das Christliche.

Neben den bisher angeführten unter eigenem Namen veröffentlichten »erbaulichen Reden« und den unter verschiedenen Pseudonymen publizierten Werken gibt es noch eine dritte, recht umfangreiche Gruppe von Schriften, mit denen sich Kierkegaard immer mehr aus seiner eigenen Zeit heraus- und in die Geschichte hineingeschrieben hat. Es handelt sich dabei um seinen literarischen Nachlass, auf den er sich schon zu Lebzeiten einmal mit der Bezeichnung »meine nachgelassenen Papiere« bezieht. Zum Teil können sie durchaus als Tagebücher bezeichnet werden, enthalten sie doch chronologisch geordnete, regelmäßige Aufzeichnungen von inneren wie äußeren Erlebnissen. Für eine bestimmte Art von Aufzeichnungen verwendet Kierkegaard den Ausdruck »Journale«. In diesen legt er nicht selten eine Art Rechenschaft über sich selbst und seinen Fortschritt in der eigenen Selbstvervollkommnung ab. Der etwas unscharfe Ausdruck »Journale« ist dafür nicht unpassend. Nicht nur weil Kierkegaard selbst ihn verwendet, sondern weil die Bezeichnung »Tagebücher« zu sehr auf Privates und bloß biografisch Relevantes geht, trifft die Bezeichnung »Journale« am ehesten zu. Obwohl in mehreren Strängen verlaufend, sind sie naturgemäß chronologisch geordnet, um die eigene Entwicklung augenfällig zu dokumentieren. Auch wenn Kierkegaard zumindest andeutungsweise seine Journale der Sphäre des Gedächtnisses zuordnet, während die Tagebücher zu jener der Erinnerung gestellt werden[8] – das Gedächtnis zielt ja bei ihm auf eine beinahe mechanisch-treue Wiedergabe von Ereignissen, während man in dem, was er als Erinnerung bezeichnet, freier, poetischer, sozusagen in einem wieder-schaffenden Verhältnis dazu steht –, heißt das nicht, dass die Journale unkritisch als autobiografische Selbstdarstellung genommen werden können. Insofern die Journale nämlich den Rahmen auch einer autobiografischen Selbstdarstellung bilden, stoßen wir darin eben auf das Problem – oder wenn man so will den Reiz – jeder Selbstdarstellung: Auch hier benutzt Kierkegaard jene Masken und Verkleidungen, deren er sich bei seiner Selbstporträtierung so gern bedient, um sich gerade in der Verkleidung umso nachdrücklicher zu enthüllen. Die literarischen Formen der Selbstdarstellung und der autobiografischen Darstellung, auf die man in Kierkegaards Nachlass stößt, reichen von ihrer knappsten – naturgemäß lyrischen – Form als (sogar mehrfach) gewähltes »Motto meines Lebens« und der selbst gewählten Grabinschrift über bekenntnishafte Selbstergründungen, -verdächtigungen, -anklagen und natürlich -rechtfertigungen bis hin zu den – zunehmend prosaischeren – Großformen intellektueller Autobiografie.

Was die Journale aber wirklich interessant macht, ist der Umstand, dass sie sich auf das bisher Genannte nicht beschränken. Sie enthalten nämlich zudem Bemerkungen zum politischen, kulturellen und wissenschaftlichen Zeitgeschehen. In den letzten Jahren werden sie immer monotoner und konzentrieren sich mehr und mehr auf seine Kritik an der »Christenheit« – die seiner eigenen Auffassung vom Christentum entgegengesetzt ist – und auf das Verständnis der eigenen Schriften. Darüber hinaus finden sich hier Aufzeichnungen, deren Kristallisationspunkt eine Beobachtung oder ein Gespräch auf der Straße, eine Bemerkung in einer Predigt oder in seiner Lektüre bildet; sobald Kierkegaard diese Ereignisse und Gedanken aber niederschreibt, ist darin immer schon etwas Produktives, Poetisches miteingeflochten, etwas, was ihnen eine über die einzelne Beobachtung hinausgehende allgemeinere Bedeutung verleiht. Deswegen sind sie als ein integrativer Teil seines literarischen Schaffens zu betrachten. Daneben finden sich in den Journalen auch Aufzeichnungen, die sich auf sein Studium beziehen: Bücherlisten, Buchexzerpte, Zusammenfassungen von und Kommentare zu gelesenen Schriften, Vorarbeiten zu eigenen Werken, Mitschriften von Vorlesungen, die sich eher für die gelehrte Beschäftigung mit Kierkegaard anbieten.

In den letzten Jahren seines Lebens publizierte Kierkegaard wenig; er führte ein ruhigeres Leben. Zuweilen predigte er jedoch in einer der Kopenhagener Kirchen. Das änderte sich ganz rasch, als der höchste Würdenträger der dänischen Kirche, Bischof J. P. Mynster, im Januar 1854 starb. Er war es, den Kierkegaard immer wieder als »Pfarrer meines Vaters« bezeichnet hat und vor dem er zunächst großen Respekt hatte. Im Laufe der eigenen Beschäftigung mit der Frage, was es heißt, ein Christ zu sein, und vor allem was es heißt, ein Christ zu werden, wurde er Mynster gegenüber immer kritischer. Er betrachtete ihn immer mehr als Vertreter einer genusssüchtigen, klugen Weltgewandtheit, die laut Kierkegaard im schroffen Gegensatz zum Christentum steht. Als sein Nachfolger, der einstige Privatlehrer Kierkegaards, Hans Lassen Martensen, Mynster in einer Gedenkrede als einen »Wahrheitszeugen, einen rechten Wahrheitszeugen« bezeichnete, griff Kierkegaard wieder zur Feder und führte zunächst in einer Zeitung und später in seiner eigenen Zeitschrift *Der Augenblick*, die in neun Nummern von Mai bis September 1855 erschien, einen gewaltigen und äußerst polemischen und sarkastischen Angriff auf die Volkskirche aus. »Was ich will?«, fragt er, »ich will Redlichkeit.« Während des so genannten Kirchenkampfes veröffentlichte er neben den bitteren Angriffen auch eine sehr versöhnliche erbauliche Rede: *Gottes Unveränderlichkeit*. Zeitgenossen berichten, dass er trotz der gehässigen Angriffe einen gelösten Eindruck machte.

Am 2. Oktober 1855 brach Kierkegaard auf offener Straße zusammen und wurde in ein Krankenhaus gebracht. Am 19. Oktober 1855 wollte der Theologe und Pfarrer Peter Christian Kierkegaard seinen sterbenden Bruder besuchen, was dieser jedoch ablehnte. Am selben Tag noch sprach der Jugendfreund Emil Boesen mit Sören Kierkegaard und fragte ihn, ob er nicht das Abendmahl empfangen wolle. »Ja«, antwortete Kierkegaard, »aber nicht von einem Pfarrer, nur von einem Laien.« – »Die Pfarrer sind königliche Beamte – königliche Beamte haben nichts mit Christentum zu tun.« Was Climacus zigarrenrauchend angekündigt hatte, hat Kierkegaard also verwirklicht: überall Schwierigkeiten zu machen.

Am 11. November 1855 starb Sören Aabye Kierkegaard im Krankenhaus.

Ästhetik und Ethik

Das erste größere Werk Kierkegaards – das er rückblickend stets als sein Erstlingswerk betrachtete – ist *Entweder – Oder*. So gesehen setzte sein sorgfältig orchestriertes Œuvre mit einem wahren Paukenschlag ein. Ein näherer Blick in Kierkegaards Journale und auch in die zuvor erschienenen Schriften *Aus den Papieren eines noch Lebenden* und *Über den Begriff der Ironie* verrät jedoch, dass der junge Kierkegaard seine Stimmproben sorgfältig durchgeführt hatte. Die Themen Weltanschauung und Ironie spielen auch in dem im Februar 1843 pseudonym herausgegebenen Werk *Entweder – Oder* eine bedeutende Rolle, und auch mit den Romantikern setzt er sich hier auseinander.

Das Buch setzt sich – dem Titel zum Trotz – aus drei Teilen zusammen. Der erste Teil enthält unter anderem die Papiere eines gewissen A, der üblicherweise als Vertreter eines ästhetischen Standpunktes betrachtet wird. Diese Aufzeichnungen umfassen eine kleine Sammlung von Aphorismen, verschiedene Abhandlungen zu ästhetischen Themen und schließlich das »Tagebuch des Verführers«. Der zweite Teil wird vom fiktiven Herausgeber Victor Eremita (etwa: der sieghafte Einsiedler) einem Assessor bei Gericht zugeschrieben, der als B bezeichnet wird. Der dritte Teil steht eher als Möglichkeit im Hintergrund; es handelt sich dabei um eine auch als Ultimatum bezeichnete Predigt mit dem Thema »Das Erbauliche, das in dem Gedanken liegt, dass wir gegen Gott immer Unrecht haben«. Schon diesem Aufbau nach ist das Werk also sehr heterogen. Dieser Eindruck wird noch verstärkt, wenn man die Mannigfaltigkeit von literarischen Formen und Themen im ersten Teil betrachtet. Tatsächlich werden in *Entweder – Oder* verschiedene Lebensanschauungen und Standpunkte zum Ausdruck gebracht, die sich gegenseitig auszuschließen scheinen. Während B etwa in seinen beiden überaus lang geratenen Briefen in beherrschter Prosa »Die ästhetische Gültigkeit der Ehe« und »Das Gleichgewicht zwischen dem Ästhetischen und dem Ethischen in der Herausarbeitung der Persönlichkeit« abhandelt, findet sich im ersten Teil das bereits erwähnte »Tagebuch des Verführers«. Dabei handelt es sich um einen Tagebuchroman, der einem Johannes, mit dem Beinamen »der Verführer«, zugeschrieben wird, der in mancherlei Hinsicht an Choderlos de Laclos' *Les Liaisons dangereuses* (1782, dän. 1832) erinnert. Besagter Johannes ist Ästhetiker durch und durch und sucht das Interessante. Von »interesselosem Wohlgefallen« kann bei ihm nicht die Rede sein, geht es ihm doch darum – unter anderen –, ein junges Mädchen namens Cordelia nach allen Regeln der Kunst zu verführen. Im Gegensatz zu einem Verführer, der auf die bloße Kraft seiner Sinnlichkeit setzt, handelt es sich bei ihm um einen »reflektierten Verführer«. Die Wirklichkeit ist ihm nicht genug, er trägt selbst das Poetische in sie hinein. Der fiktive Herausgeber beschreibt dies folgendermaßen: »Das Poetische war das Mehr, das er selbst mitbrachte. Dieses Mehr war das Poetische, das er in der poetischen Situation der Wirklichkeit genoss; das nahm er wieder zurück in Form von dichterischer Reflexion. Dies war der zweite Genuss, und auf Genuss war sein ganzes Leben berechnet. Im ersten Fall genoss er das Ästhetische, im zweiten Fall genoss er ästhetisch seine Persönlichkeit.«[1]

Das Projekt von Johannes ist es, Cordelia vor einem »Plumpsack von treuem Ehemann« zu bewahren und alle ihre Anlagen zur Entfaltung zu bringen. Kurz, er verführt sie zu sich selbst.

Sie soll für ihre Freiheit nur eine einzige Aufgabe sehen, und zwar die, sich vollständig hinzugeben. Er bringt sie dazu, dass sie »diese Hingabe nahezu erbettelt und dennoch frei ist, dann erst ist da Genuss«.[2] Als dies gelingt, verlässt er sie sofort.

Unter dem Titel »Die Wechselwirtschaft. Versuch einer sozialen Klugheitslehre« wird das Problem der Langeweile erörtert. Dabei handelt es sich vermutlich um eine Bezugnahme auf Friedrich Schlegels Roman *Lucinde* (1799). In der »Wechselwirtschaft« heißt es, dass die Langeweile allmählich überhand zu nehmen drohe. Die Götter langweilten sich derart, dass sie den Menschen schufen. Dann langweilte sich Adam allein, darum wurde Eva geschaffen. Später langweilte man sich en famille, und nun en masse. »Die Langeweile ruht auf dem Nichts, das sich durch das Dasein schlingt, ihr Schwindel ist wie jener, der uns befällt, wenn wir in einen unendlichen Abgrund blicken, unendlich.«[3] Dieser Zustand verlangt nach einer Veränderung, und zwar in Form einer Wechselwirtschaft, analog zu der in der Landwirtschaft. Das bedeute aber nicht, verschiedene Felder zu bestellen, sondern die Intensität im Wechsel der Bewirtschaftungsformen zu steigern. Es geht darum, keine verpflichtenden Beziehungen einzugehen, von Freundschaft und Ehe wird unbedingt abgeraten. Erinnern bzw. Vergessen darf nicht dem Zufall überlassen bleiben, weil damit ein Kontakt zur Wirklichkeit hergestellt wird, der vielleicht eines Tages langweilig werden könnte, sondern muss bewusst praktiziert werden. Willkür ist hier alles.

Ein anderer Text im ersten Teil von *Entweder – Oder* ist überschrieben mit »Der Unglücklichste. Eine begeisterte Ansprache an die *Symparanekromenoi* [etwa: Mitverstorbene]. Peroration in den Freitagszusammenkünften«. Während also in den Kopenhagener Kirchen am Freitag der Abendmahlgottesdienst gefeiert wird, erwägt diese illustre Gesellschaft, wer denn mit Recht der Unglücklichste genannt werden darf. In Anlehnung an Hegels Definition des »unglücklichen Bewusstseins« heißt es hier: »Der Unglückliche ist nun derjenige, der sein Ideal, seinen Lebensinhalt, die Fülle seines Bewusstseins irgendwie außer sich hat. Der Unglückliche ist sich immer abwesend, nie sich selbst gegenwärtig.«[4] Sich selbst abwesend kann man aber auf zweierlei Weisen sein: als hoffende Individualität in der zukünftigen Zeit, als erinnernde in der vergangenen Zeit. Verschärft wird das Unglück, wenn weder die

Erinnerung auf einer Realität basiert noch die Hoffnung eine solche enthält. Der Gipfel des Unglücklichseins ist aber dann erreicht, wenn diese beiden Formen kombiniert werden: Wenn das, was den Menschen hindert, in seinem Hoffen präsentisch zu werden, die Erinnerung ist, und das, was ihn hindert, in der Erinnerung präsentisch zu werden, die Hoffnung ist. In schwindelerregender Dialektik wird vom Unglücklichsten gesagt: »Er ist dem Ziel immer wieder ganz nah, und im selben Augenblick ist er fern von ihm, er entdeckt also, dass das, was ihn jetzt unglücklich macht, weil er es hat oder weil er so ist, gerade das ist, was ihn vor einigen Jahren glücklich gemacht haben würde, wenn er es gehabt hätte, während er jedoch unglücklich wurde, weil er es nicht hatte.«[5]

Schließlich seien noch die Aphorismen genannt, mit denen die Teile von A eigentlich beginnen. Es handelt sich dabei um meist sehr prägnant formulierte Prosapassagen in einem geistreichen individuellen Stil. Sie scheinen auf den ersten Blick vollkommen zusammenhanglos nebeneinander zu stehen und liefern gerade dadurch ein treffliches Bild einer fragmentierten Welt, der man ohne Verpflichtung gegenübersteht. Tatsächlich ziehen sich thematische Linien von diesen Aphorismen durch den ganzen ästhetischen Teil von *Entweder – Oder*. Ein Aphorismus ist etwa mit »Entweder – Oder. Ein ekstatischer Vortrag« betitelt; er bildet sozusagen den Kristallisationspunkt für die Gesamtkonzeption.

Ein anderer Text bündelt eine Reihe der schon erwähnten Themen: »Mein Leid ist meine Ritterburg, die einem Adlerhorst gleich hoch oben auf dem Gipfel der Berge in den Wolken liegt; keiner kann sie erstürmen. Von ihr fliege ich hinunter in die Wirklichkeit und packe meine Beute; aber ich bleibe dort unten nicht, meine Beute bringe ich heim, und diese Beute ist ein Bild, das ich hineinwebe in die Tapeten auf meinem Schloss. Dort lebe ich wie ein Verstorbener. Alles Erlebte tauche ich ein in die Taufe des Vergessens zur Ewigkeit der Erinnerung. Alles Endliche und Zufällige ist vergessen und ausgelöscht. Da sitze ich als ein alter ergrauter Mann, gedankenvoll, und erkläre mit sachter Stimme, fast flüsternd, die Bilder, und neben mir sitzt ein Kind und hört zu, obwohl es sich an alles erinnert, noch ehe ich es erzähle.«[6]

Man ist beinahe versucht, hier von einem Aphorismus mit systematischer Absicht zu sprechen. Überhaupt lassen sich die in diesem Teil nur kurz gestreiften Themen in Kierkegaards Werken vielfach wiederfinden. Das gilt zunächst für den zweiten Teil von *Entweder – Oder*, der eine direkte Reaktion auf die hier von innen her aufgerollte ästhetische Lebensanschauung darstellt.

Hilfreich ist es zu klären, was B eigentlich unter seinem ethischen Standpunkt versteht, denn dadurch fällt auch etwas Licht auf die ästhetische Haltung: »Was heißt es aber, ästhetisch zu leben, und was heißt es, ethisch zu leben? Was ist das Ästhetische in einem Menschen und was ist das Ethische? Hierauf möchte ich antworten: Das Ästhetische in einem Menschen ist das, wodurch er unmittelbar ist, was er ist; das Ethische ist das, wodurch er wird, was er wird.«[7] B scheint hier Folgendes im Blick zu haben: Während A sein Verhältnis zur Zeitlichkeit selbst kontrollieren will, indem er zum Beispiel Beziehungen meidet, die eine Verpflichtung bedeuten, und indem er das Erinnern und Vergessen bewusst steuert, richtet B sein Augenmerk auf die Zukunft. Er behauptet, dass es in dem Maße, wie es eine künftige Zeit gibt, auch ein Entweder-Oder gibt. Für Entscheidungen und Handlungen, die nämlich an sich schon zukunftsorientiert sind, ist dieses Entweder-Oder unerlässlich. A könne seine unverbindliche Haltung lediglich deswegen aufrechterhalten, weil er jede Entscheidung vermeidet. Deshalb gibt B dem A zwei wohlwollende Ratschläge, nämlich zu verzweifeln und zu wählen. B geht dabei davon aus, dass A bereits verzweifelt ist, sich dessen aber nicht bewusst ist. B scheint auch anzunehmen, dass beide Entscheidungen eine auf die Persönlichkeit rückwirkende, ja diese erst etablierende Kraft haben. Wenn er sagt, wähle, ganz gleich was, bedeutet dies offenbar, dass in jedem Akt einer verpflichtenden Wahl letztendlich der Wählende sich selbst wählt. Entsprechend kann auch die Aufforderung zum Verzweifeln verstanden werden – darin wird der Verzweifelte in seiner wie auch immer gearteten Verzweiflung als solcher akzeptiert. Beide Handlungen würden dazu führen, dass A eine verbindliche Beziehung zu seiner Umwelt einnimmt und nicht einfach stets nach Gutdünken wählt, was ihm zusagt, und den Rest ablehnt. Kurz, er würde dadurch die unbeteiligte Rolle des Betrachters aufgeben, sich selbst, so wie er ist, wählen und damit die Kontinuität gewinnen, gegen die er sich zwar sträubt, unter deren Mangel er aber auch zu leiden scheint. Es ist allerdings kaum anzunehmen, dass A diese Vorschläge unter einem anderen als dem ästhetischen Aspekt betrachten würde. Nichtsdestoweniger versucht B mit dem Argument der Kontinuität, also einer sich über eine längere Zeitdauer erstreckenden Beziehung, A gerade auf seinem eigenen Gebiet zu schlagen. In seinem Brief »Die ästhetische Gültigkeit der Ehe« argumentiert er, dass die eheliche Beziehung auch unter einem ästhetischen Gesichtspunkt schöner ist. Bs Vertrauen in die Überlegenheit seines eigenen Standpunktes und sein zuversichtliches ethisches Handeln beruhen letztendlich auf der Annahme, dass die ethische Pflicht als das allgemein Gültige vollkommen kompatibel mit dem einzelnen Individuum sei. Er formuliert das ganz knapp: »Die Persönlichkeit aber erweist sich als die Einheit des Allgemeinen und des Einzelnen.«[8] Gerade dieses Vertrauen wird, wie wir sehen werden, in *Furcht und Zittern* heftig erschüttert. Andererseits gewinnt mit dem Konzept der Wiederholung die Haltung des Ästhetikers, allerdings mit einigen Modifikationen, wieder an Bedeutung. Kierkegaard ist tief fasziniert vom Ästhetiker, da dieser ihm die ungezügelte Hingabe an den unmittelbaren Genuss mit vollkommener Reflektiertheit zu verbinden scheint. Die Ästhetik ist daher sozusagen eine Analogie zur oder Vorwegnahme der religiösen Fähigkeit, den Widerspruch zwischen Endlichkeit und Unendlichkeit aufzulösen und den Menschen dadurch mit seiner eigenen Wirklichkeit zu versöhnen.

»Die Wiederholung«

Zugleich mit *Furcht und Zittern* und den *Drei erbaulichen Reden* erschien 1843 unter dem Pseudonym Constantin Constantius eine kuriose Schrift mit dem Titel *Die Wiederholung. Ein Versuch in der experimentierenden Psychologie*. Die Beurteilungen dieses Buches gehen weit auseinander. Leser mit einer Vorliebe für eine dekonstruktive Lektüre werden es vermutlich schätzen – es sieht nämlich ganz so aus, als ob hier die meiste Arbeit schon getan wäre. Das Manuskript lässt zumindest darauf schließen, dass es kein Werk aus einem Guss ist: Vielfach wurden Teile ausgeschnitten und an anderer Stelle eingeklebt, ausgestrichen und wieder eingefügt. Der Schluss wurde unter dem Eindruck persönlicher Erlebnisse Kierkegaards gänzlich umgeschrieben. Es ist allemal ein »schnurriges Buch«[1], wie er selbst sagt. Jedenfalls geht es darin um die Frage, ob eine Wiederholung möglich ist. Schon diese Fragestellung bedarf einer Erläuterung, zumal eine spätere Psychologie gerade zu erforschen trachtet, wie Wiederholung denn vermeidbar sei. Constantin Constantius richtet sein Augenmerk nicht darauf, inwieweit man von einem Ereignis, das sich noch einmal ereignet, sagen kann, es sei eine Wiederholung. Ebenso wenig beschäftigt er sich mit Verhaltensmustern, die häufig wiederholt werden. Im Mittelpunkt scheint vielmehr eine Bewegung von einem anfänglichen Zustand der ungeschiedenen Einheit über einen Bruch bzw. eine Ausdifferenzierung zu einem neuen Zustand zu stehen, der in gewisser Weise die Eigentümlichkeiten der beiden vorhergehenden in sich vereinigt. Wenngleich dies an die hegelschen Konzepte von Vermittlung und Aufhebung erinnert, sieht Constantin Constantius darin eine neue philosophische Kategorie. Er selbst beschreibt sie folgendermaßen:

»Man sage darüber, was man wolle, es wird in der neueren Philosophie eine überaus wichtige Rolle zu spielen haben; denn *Wiederholung* ist ein entscheidender Ausdruck für das, was ›*Erinnerung*‹ bei den Griechen gewesen ist. Wie also diese gelehrt haben, dass alles Erkennen ein Erinnern sei, ebenso wird die neue Philosophie lehren, dass das ganze Leben eine Wiederholung ist. […] Wiederholung und Erinnerung sind die gleiche Bewegung, bloß in entgegengesetzter Richtung; denn was erinnert wird, das ist gewesen, wird rückwärts wiederholt; wohingegen die eigentliche Wiederholung vorwärts erinnert wird. Daher macht die Wiederholung, falls sie möglich ist, den Menschen glücklich, während die Erinnerung ihn unglücklich macht, unter der Voraussetzung nämlich, dass er sich Zeit nimmt zu leben und nicht schnurstracks in seiner Geburtsstunde einen Vorwand zu finden versucht, sich aus dem Leben wieder davonzustehlen, zum Beispiel weil er etwas vergessen habe.«[2]

Ungeachtet der Ähnlichkeit, die Constantius hier zwischen Erinnerung und Wiederholung feststellt, gibt es einige bezeichnende Unterschiede. In der platonischen Lehre von der Anamnesis (Erinnerung) geht es zunächst einmal um eine erkenntnistheoretische Frage, während Constantius die Wiederholung mit einem geglückten Leben in Verbindung bringt. Wenn hier von Erkennen als Erinnerung die Rede ist, dann deshalb, weil Platon (ca. 427–347 v. Chr.) davon ausgeht, dass die Begriffe ewig sind und dass mittels der mäeutischen Methode (der Fragemethode von Sokrates) jeder dazu gebracht werden kann, sich ihrer zu erinnern, da man vor der Geburt Kenntnis davon bekommen hat. Daher beschreibt Constantius diese Bewegung auch als rückwärtsgerichtet. Die Wiederholung hingegen sei eine Bewegung, die vorwärtsgerichtet ist. Das heißt, sie tritt durch eine auf die Zukunft ausgerichtete Handlung in Beziehung zum Ewigen.
Um die Betonung der Zukunft bei Kierkegaard im Allgemeinen zu würdigen, muss berücksichtigt werden, dass zwei Perioden des Denkens ihn zutiefst geprägt haben: die griechische Antike und die philosophischen Strömungen seiner

eigenen Zeit. Das Denken dieser beiden Perioden legt die Betonung auf die Vergangenheit. Bei den Griechen lenkt die allgegenwärtige Frage nach dem Anfang (griech. *arche*) den Blick zurück. Die Klärung der Frage nach dem Wesen der Dinge hängt aufs Engste mit der Klärung der Frage nach ihren Anfängen zusammen. Wenn Aristoteles (384-322 v. Chr.), dem der Entwicklungsgedanke fremd ist, nach dem Wesen der Dinge fragt, kann die Antwort nur lauten: es »ist das, was es immer schon war« (griech. *to ti en einai*). In den dominanten Geistesströmungen des frühen 19. Jahrhunderts nimmt die Priorität der Vergangenheit eine andere Form an. Vergangenheit wird dabei zunächst als Geschichte aufgefasst. Der Entwicklungsgedanke, der das ganze 19. Jahrhundert beherrscht, richtet sich nämlich weniger auf ein »Wohin« als vielmehr auf das »Woher«. Auch in der Philosophie dominiert die Vergangenheit. In der Vorrede zu den *Grundlinien der Philosophie des Rechts* spricht Hegel über das Verhältnis der Philosophie zu dem, wie die Welt sein soll – d. h. also, wie sie in Zukunft werden soll. Er meint, zu dieser Belehrung komme die Philosophie immer zu spät: »Wenn die Philosophie ihr Grau in Grau malt, dann ist eine Gestalt des Lebens alt geworden, und mit Grau in Grau läßt sie sich nicht verjüngen, sondern nur erkennen; die Eule der Minerva beginnt erst mit der einbrechenden Dämmerung ihren Flug.«[3] Damit wird der Philosophie als ihr eigentlicher Bereich die Vergangenheit zugewiesen. Diese gelte es zu erkennen und zu begreifen, so dass die Geschichte in den Mittelpunkt des Interesses tritt.

Man kann vermuten, dass Kierkegaard mit dieser Auffassung von Philosophie einverstanden wäre. Da es ihm aber nicht darum geht, wie die Welt erkannt werden soll oder wie sie sein soll, sondern darum, dass ein Mensch das werden soll, was er ist, richtet sich das Hauptaugenmerk seiner Betrachtungen auf die Zukunft. Vielleicht hatte er gerade diese hegelsche Passage im Hinterkopf, als er im Jahr 1843 Folgendes in sein Journal schrieb: »Es ist ganz richtig, was die Philosophie sagt, dass das Leben rückwärts verstanden werden muss. Aber darüber darf man nicht den anderen Satz vergessen, dass es vorwärts gelebt werden muss. Dieser Satz endet, je mehr man ihn durchdenkt, gerade damit, dass das Leben in der Zeitlichkeit niemals recht verständlich wird, gerade weil ich in keinem Augenblick vollkommene Ruhe finden kann, um die Stellung »rückwärts« einzunehmen.«[4]

Im Gegensatz zum »archaiologischen« (auf die Anfänge gerichteten) Charakter des griechischen wie des skizzierten zeitgenössischen Denkens ist Kierkegaard ein eschatologischer Denker. Was der Mensch für ihn ist, bestimmt sich unter anderem durch das, was er von den »Dingen des Endes« (griech. *ta eschata*) erwartet. Theologisch gesprochen hat die Frage nach der Zukunft deshalb ihren Ort in der Eschatologie. Wichtiger ist es aber zu sehen, dass sich immer, wenn es darum geht, dass gehandelt werden soll, die Frage nach der Zukunft aufdrängt. Handeln ist ja stets auf Zukunft ausgerichtet; Handlungen können meist gar nicht einmal beschrieben werden, wenn nicht ihr zukünftiger Aspekt in den Blick genommen wird. Die Wichtigkeit des Handelns für ein glückendes Leben steht für Kierkegaard außer Frage. Deswegen räumt er der Zukunft die Priorität vor der Vergangenheit ein.

Diese Verhältnisse werden von Constantin Constantius in der *Wiederholung* nur angedeutet, spielen aber in Kierkegaards Gesamtwerk eine wichtige Rolle. Ja, mit dem Thema der Wiederholung wirft Constantius eine Frage auf, die er selbst von seinem Standpunkt aus gar nicht beantworten kann. In *Furcht und Zittern*, dem Buch eines gewissen Johannes de silentio, wird die von Constantin Constantius aufgeworfene Frage jedoch eingehend behandelt. Diese polyperspektivische Herangehens- und Darstellungsweise ist für Kierkegaard charakteristisch.

Zweifellos macht sie den besonderen Reiz seiner Schriften aus. Für einige Leser scheint dieser Zugang allerdings deren Komplexität bis ins Unerträgliche zu steigern.

Der Schauder des Gedankens

Wie wir gesehen haben, macht uns der Ästhetiker A die grenzenlose Hingabe an den Genuss des Augenblicks und schließlich auch den reflektierten Genuss ebendieses Genusses schmackhaft. Assessor Wilhelm hingegen hebt A gegenüber mit einem gewissen Recht, aber auch mit einiger Herablassung hervor, dass erst ein ethisches Verhalten dem Dasein wahre Poesie und Genuss verleiht. Dem keineswegs kurzsichtigen Assessor ist freilich klar, dass es einige Situationen im Leben gibt, die sich einer Bewältigung durch zuversichtliches ethisches Verhalten entziehen. Mit dem Hinweis, dass man diesen Situationen jedoch kein größeres Gewicht beilegen soll, versucht er derlei Probleme zu marginalisieren. Dem tritt die Schrift *Furcht und Zittern* mit aller Entschiedenheit entgegen. Sie ist im Oktober 1843 unter einem Pseudonym erschienen: Johannes de silentio. Also wieder ein sprechender Name – diesmal ein vom Schweigen sprechender. Johannes de silentio greift, um seine Pointe klar zu machen, auf die biblische Geschichte von Abraham zurück, der ja von Gott aufgefordert wird, unter Hintanstellung auch der evidentesten ethischen Selbstverständlichkeiten seinen geliebten Sohn Isaak zu opfern. Für ethisch zuversichtliches Handeln ist das natürlich eine Katastrophe.
Den Ausgangspunkt für seine Untersuchung nimmt Johannes de silentio bei einem Text von René Descartes (1596–1650), in dem dieser nach spätantiker und scholastischer Tradition zwischen einer natürlichen Vernunft, die allen Menschen gemein ist (lat. *lumen naturale*), und einer von Gott geoffenbarten Vernunft unterscheidet. In diesem Zusammenhang fordert Descartes, dass der natürlichen Vernunft nur so lange gefolgt werden darf, solange nichts Gegenteiliges von Gott offenbart wird. Warum beginnt Johannes de silentio nun mit

einem Text Descartes'? Er polemisiert damit gegen die »neuere Philosophie« – womit meist dänische Hegelianer gemeint sind. Auch Hegel selbst sieht in Descartes den »wahrhaften Anfänger der modernen Philosophie«, »des Denkens der neueren Zeit«.[1] Als Ausgangspunkt von Descartes bezeichnet Hegel – und Hans Lassen Martensen wiederholt es in Kopenhagen häufig – den Satz »de omnibus dubitandum est« – an allem ist zu zweifeln.[2] Dies führt zu einer Verschiebung des bisherigen Verhältnisses von Philosophie und Religion.

Laut Hegel hat die Religion mit der Philosophie ihren Gegenstand gemein: die Wahrheit. Während die Philosophie aber ihren Gegenstand in begrifflicher Erkenntnis erfasst – »auf den Begriff bringt«, wie Hegel sagt –, hat die Religion ihren Gegenstand bloß in der Vorstellung. Hierbei ergibt sich folgende Gliederung: Über die Stufe der religiösen Anschauung in der Kunst führt die Entwicklung zur religiösen Vorstellung im Mythos und schließlich zum Denken, zur begrifflichen Bestimmung in der Philosophie. Nur in der Philosophie finde das Wissen die ihm allein adäquate, zweifelsfreie Form. Damit wird die Religion der Philosophie untergeordnet – jene in dieser aufgehoben. Eine eventuelle Offenbarung müsste sich demnach einer philosophischen Überprüfung stellen.

In *Furcht und Zittern* geht es jedoch nicht um die philosophische Prüfung der »mythischen« Geschichte von Abraham. Von einer der Figuren in diesem Buch wird gesagt, es gehe ihr nicht um das sinnreiche Weben der Fantasie, sondern um den Schauder des Gedankens. Wenn Johannes de silentio Erzählungen – also mythische Darstellungsweisen – gebraucht, um den Gedanken zum Erschaudern zu bringen, dann liegt damit eine andere Bestimmung des Verhältnisses von Anschauung und Mythen einerseits und Denken andererseits als bei Hegel zugrunde – und folglich auch ein anderes Verhältnis von Religion und Philosophie sowie von Glauben und Ethik. Während bei Hegel und bei den dänischen Hegelianern mittels der dialektischen Methode ein »Weitergehen« von der Religion zur Philosophie nicht nur möglich, sondern auch erforderlich und sogar notwendig ist, macht sich Johannes de silentio genau darüber lustig. Weil man im Dänemark jener Zeit darauf baut, den Glauben »auf den Begriff« bringen zu können, werden die Ausdrücke »weitergehen«, »nicht stehen bleiben« und »über den Glauben hinauskommen«[3] zu Schlagwörtern. Diese Termini tauchen auch in *Furcht und Zittern* häufig auf, jedoch kaum je mit positiver Bedeutung. Dass sie problematisch sind, versucht Johannes de silentio in *Furcht und Zittern* zu zeigen. Es sieht also so aus, als ob er hier nicht so sehr die tatsächliche Absicht von Descartes erklären wollte; vielmehr scheint er darauf hinweisen zu wollen, dass sich die »neuere Philosophie« selbst missverstanden habe, zumindest insofern sie sich in diesem Punkt auf Descartes beruft. So viel zur Rahmenbedingung dieser Schrift.

Das, worauf sie eigentlich hinausläuft, ist das Problem Abrahams. Um deutlich zu machen, worin genau es besteht, stellt Johannes de silentio Abraham, den »Vater des Glaubens«, einigen »tragischen Helden« gegenüber: Der Erfolg des Zuges gegen Troja wird davon abhängig gemacht, ob Agamemnon bereit ist, seine Tochter Iphigenie zu opfern. Jephtha verspricht im Falle eines Sieges für sein Volk, den Ersten zu opfern, der ihn bei seiner Rückkehr aus der Schlacht begrüßt; es ist seine Tochter. Der römische Konsul Brutus, verantwortlich für den Strafvollzug, sieht sich gezwungen, seine Söhne hinzurichten, da sie an einer Staatsverschwörung beteiligt waren. Trotz allem Schrecken, dem diese tragischen Helden ausgesetzt sind, bleiben sie innerhalb der Grenzen des Ethischen. Sie können ihre Pflichten als Heerführer oder Richter gegen ihre Pflichten als Väter abwägen und entsprechend argumentieren. Darin liegt ihre Rationalität und damit ihre Verständlichkeit. Sie lassen »den einen Ausdruck des Ethischen sein Telos [d. h. Zweck, Ziel] in einem anderen, höheren Ausdruck des Ethischen haben«[4], sie stellen mithin das Allgemeinwohl höher als ihr eigenes und das ihrer Kinder. Hätte man sie gefragt, warum sie das tun, und sie hätten geantwortet, es sei eine Prüfung, wäre das lächerlich.

Mit Abraham verhält es sich ganz anders. Bei ihm gibt es überhaupt keinen einsichtigen Grund dafür, den eigenen Sohn zu opfern. Er kann sich auf kein höheres Telos, zum Beispiel auf das Allgemeinwohl, berufen. Deshalb fragt Johannes de silentio, ob es hier zu Recht ein zweckgebundenes In-der-Schwebe-Halten des allgemein verpflichtenden Ethischen gibt – eine teleologische Suspension des Ethischen, wie er es nennt. Mit anderen Worten: Gibt es eine absolute Pflicht gegenüber Gott, die das allgemein verbindliche Ethische außer Kraft setzen darf, die aus einem Mord eine gottgefällige Handlung macht? Was unterscheidet also den tragischen Helden von Abraham? Letzterem wurde Isaak von Gott verheißen und – durch *ihn* – zahllose Nachkommen. Später befiehlt Gott jedoch Abraham, seinen geliebten Sohn Isaak als Brandopfer darzubringen. Das ist einfach paradox. Der Widerspruch von Verheißung und Forderung wäre selbst dann nicht leichter zu verstehen, wenn historische Untersuchungen ergeben würden, dass es damals geradezu üblich gewesen wäre, den geliebten Sohn zu opfern. Wenn also von »jenem Mann« in *Furcht und Zittern*, der sich mit dieser Erzählung aus *Genesis* 22 beschäftigt, gesagt wird, er war »kein gelehrter Schriftausleger, Hebräisch konnte er nicht; hätte er Hebräisch gekonnt, mag sein, dass er die Geschichte und Abraham leicht verstanden hätte«[5], so ist das ein ironisches, ebenso munteres wie beiläufiges Beiseitewischen der historisch-kritischen Bibelauslegung. Konfrontiert mit der Verheißung und der Forderung an Abraham, hilft die damals gerade aufblühende historisch-kritische Betrachtung der biblischen Erzählung natürlich auch nicht weiter.

Ebenso wenig wie Abraham verstanden werden kann, ebenso wenig kann er sich selbst mitteilen: Würde er etwas sagen, könnte er ja doch nur dieses Paradox weitergeben. Er ist zum Schweigen verurteilt; ja, sogar wenn er sprechen würde, könnte er nicht verstanden werden. Auch den Umstand, dass Abraham die Prüfung besteht, können weder Johannes de silentio noch »jener Mann«, den diese Erzählung fesselt, verstehen. Sie können sich aber sehr wohl vorstellen, auf welche Weisen er scheitern könnte. In der einleitenden »Stimmung« – Kierkegaard legt großes Gewicht darauf, eingangs seiner Schriften die richtige Stimmung anzugeben oder zu schaffen – werden vier Variationen davon geboten. Sie setzen folgendermaßen ein: »Es war einmal ein Mann, der hatte als Kind jene schöne Erzählung gehört, wie Gott Abraham versuchte und wie dieser der Versuchung widerstand, den Glauben bewahrte und zum zweiten Mal seinen Sohn bekam wider Erwarten.«[6]

Mit »Es war einmal« wird hier nicht auf ein längst vergangenes Geschehen hingewiesen, sondern – wie im Märchen – auf ein zeitloses Geschehen. Abraham ging nicht weiter, sondern er bewahrte den Glauben. Dass er seinen Sohn zum zweiten Mal bekam, kann man ruhig als Indiz für das nehmen, um was es im ganzen Buch eigentlich geht: um die Wiederholung.

Die vier Variationen des Scheiterns selbst werden in einer Sprache geboten, die ihresgleichen in der dänischen Literatur sucht. So heißt es weiter: »Es war eines frühen Morgens, Abraham stand zeitig auf, er umarmte Sara, die Braut seines Alters, und Sara küsste Isaak, der die Schande von ihr genommen hatte, ihren Stolz, ihre Hoffnung durch alle Geschlechter. Dann ritten sie stumm ihres Weges, und Abrahams Blick war auf die Erde geheftet, bis an den vierten Tag, da erhob er sein Auge und sah in der Ferne den Berg Morija, aber sein Blick wandte sich wieder der Erde zu. Schweigend schichtete er das Holz, band Isaak, schweigend zog er das Messer; da sah er den Widder, den Gott ausersehen hatte. Den opferte er und zog heim. – Und von dem Tage an wurde Abraham alt, er konnte nicht vergessen, dass Gott dies von ihm gefordert hatte. Isaak gedieh wie vordem; aber Abrahams Auge war verdunkelt, die Freude sah er nicht mehr.«[7]

Die Variationen des Scheiterns Abrahams, aber auch Isaaks werden begleitet von je einer kurzen Darstellung einer Mutter und ihres zu entwöhnenden Kindes. Man könnte sie ebenso als kleine *poèmes en prose* bezeichnen. Zwei davon sollen hier wiedergegeben werden, weil sie auf etwas ganz Entscheidendes aufmerksam machen: »Wenn das Kind entwöhnt werden soll, dann schwärzt die Mutter ihre Brust; es wäre ja auch herzlos, dass die Brust lieblich aussähe, wenn das Kind sie doch nicht bekommen darf. So jedoch glaubt das Kind, die Brust habe sich verändert; aber die Mutter, sie ist dieselbe geblieben, ihr Blick ist liebevoll und zärtlich wie immer. Wohl dem, der nicht entsetzlichere Mittel benötigt, um das Kind zu entwöhnen!« Und: »Wenn das Kind entwöhnt werden soll, so ist auch die Mutter nicht ohne Leid, dass sie und das Kind immer mehr voneinander getrennt werden; dass das Kind, welches erst unter ihrem Herzen lag, später noch an der Brust ruhte, nicht mehr so nahe sein kann. So trauern sie zusammen über dieses kurze Leid. Wohl dem, der das Kind so nahe behielt und nicht um mehr zu trauern hatte.«[8]

Hier scheint angedeutet zu werden, dass es in Abrahams Geschichte um etwas geht, was lange nach Kierkegaard als Individuationsprozess bezeichnet wurde. Wie schmerzhaft die Entwöhnung für Mutter und Kind zuweilen sein mag, so löst sie doch aus einer Abhängigkeit, die ab einer gewissen Entwicklungsstufe die Selbstständigkeit beider enorm beeinträchtigt. Die zwei Passagen mögen auch auf den Sinn der Forderung, die an Abraham ergeht, hinweisen. Denn schließlich wird ja gerade durch die geschilderte Begebenheit Abraham zu eben dem, der er ist. Hätte er gezweifelt, so heißt es, dann »wäre er heimgezogen, alles wäre wieder dasselbe gewesen, er hätte Sara gehabt, er hätte Isaak behalten, und doch wie verändert! […] Dann hätte er weder Zeugnis gegeben von seinem Glauben noch von Gottes Gnade, sondern Zeugnis davon, wie entsetzlich es ist, auf den Berg Morija zu ziehen.«[9] Es wäre also gerade nicht zur Wiederholung gekommen, sondern zu deren abschreckendem Gegenbild: einem endlosen Einerlei.

Abrahams Wirklichkeit, sein glückliches Zusammenleben mit Sara und Isaak, wird durch die Ereignisse auf dem Berg

Morija äußerlich überhaupt nicht verändert, sie wird aber ganz anders qualifiziert und damit erst eigentlich wirklich. Diese Neuqualifizierung der Wirklichkeit erreicht Abraham durch zwei Bewegungen, die zusammen als Doppelbewegung bezeichnet werden. Die erste – und darin gleichen sich der tragische Held und Abraham – ist die der unendlichen Resignation. Diese zielt auf den Verzicht auf alles Endliche, in dem der Mensch sein Glück und Leben hat. Mit »unendlich« ist gemeint, dass von jedem bestimmten Etwas, auf das man zeigen könnte, von jedem Endlichen also, gesagt wird: »Auch dies musst du aufgeben.« Mit »unendlich« ist aber auch gemeint, dass jede verständige Berechnung aufgegeben ist. Deshalb trödelt ja Abraham auch nicht auf dem Weg zum Berg Morija oder vergisst etwa sein Messer daheim. Der tragische Held und der »Ritter der unendlichen Resignation« bzw. der »Ritter der Unendlichkeit« – poetische Figuren, die zur Illustration des Gedankengangs eingeführt werden – können diese Bewegung ebenso gut ausführen wie Abraham. Sie können sich damit abfinden, dass gewisse Dinge in einer Welt der Endlichkeiten nicht möglich sind. Spezifisch für Abraham ist jedoch, dass er die zweite Bewegung, die des Glaubens, sicher ausführt, nachdem er unendlich resigniert hat. Da damit alle endliche Berechnung und Verständigkeit aufgehört hat, muss die Bewegung »kraft des Absurden geschehen«. Abrahams Glaube liegt darin, dass er fest darauf vertraut, dass er – was nach menschlichem Ermessen unmöglich ist – Isaak wiederbekommen wird.

Kierkegaard ist sich natürlich vollkommen darüber im Klaren, dass Glaube üblicherweise gerade im Sinne der ersten Bewegung verstanden wird, im Sinne des Aufgebens des Endlichen, der Resignation, um dafür Punkte fürs Jenseits zu sammeln. Deshalb hält Johannes de silentio eindringlich fest, dass sich in der Tat alles um die Zeitlichkeit, um die Endlichkeit dreht.[10] Das Problem ist lediglich, dass Zeitlichkeit und Endlichkeit einer Qualifizierung bedürfen, um auch wirklich genossen werden zu können. Gerade das soll die Doppel-

bewegung leisten: nach der Resignation für dieses Leben glauben. Johannes de silentio behauptet, Abraham gelinge es, »durch eine Doppelbewegung wieder zu seinem ersten Zustand zu gelangen, und deshalb nimmt er Isaak freudiger als das erste Mal entgegen«.[11] Johannes de silentio selbst ist lediglich in der Lage, eine immanente Denkbewegung auszuführen, nämlich die der unendlichen Resignation. »Ich vollziehe«, so sagt er, »die Bewegung der Unendlichkeit, während der Glaube das Entgegengesetzte tut, er vollzieht, nachdem er die Bewegungen der Unendlichkeit ausgeführt hat, die der Endlichkeit.«[12] Abraham aber, und mit ihm der so genannte »Ritter des Glaubens«, macht im Gegensatz zu Johannes de silentio und dem »Ritter der unendlichen Resignation« noch etwas anderes: »Er hat in unendlicher Resignation auf alles verzichtet, und dann hat er alles wieder ergriffen kraft des Absurden. [...] Er macht ständig die Bewegung der Unendlichkeit, aber er tut es mit solch einer Richtigkeit und Sicherheit, dass er ständig die Endlichkeit herausbekommt«.[13]
Das Wiederannehmen einer dadurch neu qualifizierten Wirklichkeit als Geschenk ist die Wiederholung. Johannes de silentio selbst gelingt diese Bewegung nicht. Resigniert gibt er sich mit weniger zufrieden, als ihm eigentlich zugedacht ist. Seine Versöhnung mit der Wirklichkeit ist eine schmerzliche, wie die des Ironikers und Humoristen.
Constantin Constantius wirft, wie wir gesehen haben, die Frage der Wiederholung auf, ohne recht zu wissen, was das ist. Johannes de silentio hingegen weiß sehr genau darüber Bescheid, kann sie aber nicht ausführen. Constantin Constantius, der demonstrativ die Wiederholung in seinem Namen trägt, verrät damit gleichzeitig schon, dass er sich gegen die wiederholende Annahme der Wirklichkeit als Geschenk verhärtet hat; er ist zu konstant. Er weiß aber so viel, dass die Wiederholung, falls sie denn möglich ist, den Menschen glücklich macht und dass sie in der »neuen Philosophie« eine wichtige Rolle spielen wird.
Erwähnt sei, dass dies eine der ganz wenigen Stellen ist, an

denen Kierkegaard den Ausdruck »Philosophie« in einem positiven Sinn verwendet. Mit »neuer Philosophie« ist natürlich etwas ganz anderes gemeint als die oben erwähnte »neuere Philosophie«. Letztere versuche ja, den Einzelnen mit dem Allgemeinen, den Glauben mit der Philosophie, die Pflicht gegenüber Gott mit der Ethik zu vermitteln. Dieser Vermittlung wird die Wiederholung gegenübergestellt. Denn die Vermittlung lasse eben das »ungeheure Paradox« aus, d. h., übersehe gerade, wo das eigentliche Problem liegt. Johannes de silentio schreibt: »Das Paradox des Glaubens ist also dies, dass der Einzelne höher als das Allgemeine ist, dass der Einzelne […] sein Verhältnis zum Allgemeinen durch sein Verhältnis zum Absoluten bestimmt. […] Das Paradox kann auch so ausgedrückt werden: Es gibt eine absolute Pflicht gegenüber Gott. […] sofern diese Pflicht absolut ist, ist das Ethische zu einem Relativen herabgesetzt. Daraus folgt jedoch nicht, dass es vernichtet werden soll, aber es erhält einen ganz anderen Ausdruck, so etwa, dass zum Beispiel die Liebe zu Gott den Ritter des Glaubens dahin bringen kann, seiner Liebe zum Nächsten einen Ausdruck zu geben, der dem, was ethisch gesprochen Pflicht ist, entgegengesetzt ist. […] Dieses Paradox lässt keine Vermittlung zu […].«[14]

Stellen wie diese geben häufig Anlass zu fragen, was denn Abraham von einem Attentäter unterscheidet, der sich eine religiöse Legitimation gibt. Und dies, obwohl Johannes de silentio unermüdlich festhält, dass Abraham seinen Sohn Isaak liebt und dass er Gott viel lieber das Beste geben würde, was er geben kann, als das Beste, was er hat; d. h., dass er sich lieber selbst opfern würde. Immerhin bleibt der Gedanke einer möglichen Relativierung von allgemeinen ethischen Forderungen beunruhigend genug. Doch für Johannes de silentio geht es um etwas anderes. Er scheint anzunehmen, dass erst die Konfrontation mit diesem Paradox jene ultimative Selbsttransformation ermögliche, welche die Wirklichkeit völlig neu zu qualifizieren vermag. So ist das Individuum nicht nur vor den Übergriffen des Allgemeinen geschützt, sondern wird erst befähigt, es selbst zu werden. Dass dieser Individuationsprozess ein schmerzlicher Prozess sein kann, darauf deuteten schon die Prosagedichte in den »Stimmungen« über das Entwöhnen des Kindes. Vielfach wurden bei der Interpretation von *Furcht und Zittern* gerade diese Aspekte nicht hinlänglich beachtet. Es geht bei Johannes de silentio um die Wieder-Holung. Abraham sei sie gelungen, meint Johannes de silentio, denn jener wurde froh, »als er Isaak wieder empfing, recht innerlich froh – dass er keine Vorbereitung brauchte, keine Zeit, um sich zu sammeln auf die Endlichkeit und ihre Freude«[15].

Ein anderer Punkt, an dem sich Diskussionen zu *Furcht und Zittern* entzünden, ist die Frage, woher Abraham denn seine Überzeugung habe, dass es tatsächlich Gott war, der ihm befahl, Isaak zu opfern. Darüber verliert Johannes de silentio denn auch wirklich kein Wort in *Furcht und Zittern*. In der dritten der zugleich erschienenen *Drei erbaulichen Reden* von 1843 geht es aber gerade um diese Frage. Sie trägt den Titel »Die Bekräftigung im inneren Menschen«. Bekräftigung ist hier sowohl im Sinne von Bestätigung, Bezeugung als auch im Sinne von »Kraft verleihen« verstanden. Nach einer umständlichen Darstellung formuliert Kierkegaard lapidar: »[…] und wer von Gott lernt, der wird bekräftigt im inneren Menschen. Verlöre er auch alles dabei, so gewönne er doch alles, und Abraham hatte nichts als ein Grab in Kanaan und war dennoch Gottes Auserwählter.«[16]

Das Paradox

»Das Paradox des Glaubens ist also dies, dass der Einzelne höher als das Allgemeine ist, dass der Einzelne […] sein Verhältnis zum Allgemeinen durch sein Verhältnis zum Absoluten bestimmt«[1], hieß es in Johannes de silentios *Furcht und Zittern*. Im Juni 1844 erschien eine Schrift mit dem Titel *Philosophische Brocken oder ein Bröckchen Philosophie* unter dem Pseudonym Johannes Climacus. Darin wird das Thema des Paradoxes wieder aufgegriffen. Während dem »ungeheuren Paradox« in *Furcht und Zittern* die Funktion zukommt, einerseits vor der Macht des Allgemeinen zu schützen und andererseits eine ultimative Selbsttransformation, die mit dem Individuationsprozess verbunden ist, zu gewährleisten, wird dieser Terminus in den *Philosophischen Brocken* in eine etwas andere Richtung entwickelt. Dabei ist nicht immer genau auszumachen, wo Climacus' Bewegung eigentlich hinzielt – schwer lässt sich allerdings leugnen, dass es sich um Bewegungen von eindringlicher dialektischer und poetischer Brillanz handelt.

Obwohl sich der Titel ziemlich unprätentiös gibt und mehrmals hervorgehoben wird, dass es sich bei der Schrift lediglich um eine »metaphysische Grille« bzw. um ein »Denkprojekt« handle, setzt sie mit einem Motto ein, das an Pathos nichts zu wünschen übrig lässt: »Kann es einen historischen Ausgangspunkt für ein ewiges Bewusstsein geben; wie vermag ein solcher mehr als bloß historisch zu interessieren; kann man eine ewige Seligkeit auf ein historisches Wissen gründen?«[2] Climacus setzt nun beim Wissen an und erinnert an jene »streitlustige« Frage in Platons *Menon*, wie wir überhaupt zu einer Erkenntnis kommen können. Wenn die Wahrheit nämlich bereits gewusst wird, braucht sie nicht erst gesucht zu werden; kennt man sie aber nicht, wie kann sie dann als solche erkannt werden, wenn man auf sie stößt? Wie wir im Kontext der *Wiederholung* gesehen haben, löst Platon das Problem durch die Annahme, dass der Unwissende eigentlich schon im Besitz der Wahrheit sei und lediglich durch die mäeutische Methode des Lehrers daran »erinnert« werden muss. Climacus behauptet nun, dass eine so verstandene – von Platon Sokrates zugeschriebene – Auffassung der Wahrheit und ihrer Mitteilung im Verhältnis zwischen Menschen das Höchste ist. Der Lehrer könne hier nie mehr als bloß der zufällige Anlass für eine Erkenntnis sein.

Dieser Position setzt Climacus nun hypothetisch eine andere gegenüber, bei der das menschliche Denken auf das Andere seiner selbst stößt. Dies scheint einen Bruch mit einer idealistischen Ontologie hegelschen Zuschnitts zu markieren, da – etwas vereinfacht formuliert – unter der Voraussetzung der Identität von Denken und Sein das Denken niemals auf das Andere seiner selbst stoßen kann. Climacus hingegen meint, das Denken versuche etwas zu entdecken, was es selbst nicht denken kann, und bezeichnet dies als das höchste Paradox des Denkens: »Doch soll man nicht schlecht vom Paradox denken; denn das Paradox ist die Leidenschaft des Gedankens; und ein Denker, der ohne das Paradox ist, ist wie ein Liebhaber, der ohne Leidenschaft ist: ein mäßiger Patron. Aber die höchste Potenz jeglicher Leidenschaft liegt stets darin, ihren eigenen Untergang zu wollen, und so ist es auch die höchste Leidenschaft des Verstandes, den Anstoß zu wollen, auch wenn der Anstoß auf irgendeine Weise sein Untergang werden muss. Dies ist denn das höchste Paradox des Denkens, etwas entdecken zu wollen, was es selbst nicht denken kann. Diese Leidenschaft des Denkens ist im Grunde überall im Denken vorhanden, auch in dem des Einzelnen, insofern er ja denkend nicht bloß er selbst ist.«[3]

Climacus schreibt dem Denken offenbar nicht nur die Fähigkeit, sondern auch die Aufgabe zu, seine eigene Grenze zu bestimmen; insofern kann man von einer autonomen Rationalität sprechen. Das Andere des Denkens bezeichnet er als das

Unbekannte, gegen das der Verstand in seiner paradoxen Leidenschaft anstößt. Von diesem Anderen behauptet er nun ziemlich nonchalant: »Aber das ist ja nicht irgendein Mensch, insofern er ihn kennt, oder irgendein anderes Ding, das er kennt. So lasst uns doch dieses Unbekannte als den Gott bezeichnen. Es ist bloß ein Name, den wir ihm geben.«[4] Die paradoxe Leidenschaft des Verstandes sieht sich ständig mit diesem Unbekannten konfrontiert, das wohl da ist, aber insofern es unbekannt ist, eben auch nicht da. Es ist die Grenze, an die das menschliche Denken ständig stößt und für die es kein Kennzeichen hat: »Bestimmt als das Absolut-Verschiedene scheint es eben dabei zu sein, offenbar zu werden; aber das passiert nicht, weil der Verstand die absolute Verschiedenheit nicht einmal denken kann; denn absolut kann er sich nicht selbst negieren, sondern braucht sich selbst dazu und denkt also die Verschiedenheit an sich selbst, die er bei sich selbst denkt; und absolut kann er nicht über sich selbst hinausgehen und denkt daher nur die Erhabenheit über sich selbst, die er bei sich selbst denkt.«[5]

Hinter diesen verklausulierten Worten scheint ein schlichter Gedanke zu stecken: Das Unbekannte, das als Grenze des Denkens angenommen werden muss, läuft Gefahr, ins bloß Fantastische abzugleiten, das völlig willkürlich vom Denken selbst hervorgebracht wurde. Um diesen fantastischen Wahnwitz zu verhindern, muss sich das Unbekannte selbst ein Kennzeichen geben – denn wenn dieses Kennzeichen vom menschlichen Denken kommen würde, stünden wir wieder vor demselben Problem. Das Unbekannte nun, das sich selbst ein Kennzeichen gibt, bezeichnet Climacus als Offenbarung. Jetzt wird auch deutlicher, worauf er mit seinem Motto für die *Brocken* hinauswill. Das so geoffenbarte Kennzeichen des Unbekannten muss natürlich selbst wieder paradox sein; deshalb kann Climacus dies auf die Inkarnation beziehen, da eben darin das Undenkbare geschieht: Das Ewige kommt in die Zeit als einzelner Mensch. Das Unbekannte hat sich selbst ein Kennzeichen, und zwar ein paradoxes, gegeben. Damit bekommt der Mensch etwas zu wissen, was er durch sokratisches »Erinnern« nie wissen könnte. Während sokratisch betrachtet jeder im Besitz der Wahrheit ist, verhält es sich dem hier skizzierten christlichen Standpunkt zufolge anders. Soll der Lernende, so Climacus, die Wahrheit erkennen, dann muss der Lehrer sie ihm bringen. Und nicht nur das; er muss dem Lernenden auch die Bedingung dafür geben, sie zu verstehen, denn wenn dieser selbst im Besitz der Bedingung wäre, könnte er sich ihrer einfach auf die oben skizzierte sokratische Weise erinnern. Weil dem Lernenden die Bedingung für die Wahrheit fehlt, bezeichnet Climacus diesen Zustand als Unwahrheit.

Nach diesen halsbrecherischen Syllogismen weist Climacus darauf hin, dass der Zustand der Unwahrheit nicht von dem Gott (dem Lehrer) verursacht ist, sondern dass der Lernende selbst an seinem Zustand der Unwahrheit schuld ist. »Aber dieser Zustand«, fragt Climacus, »in der Unwahrheit zu sein und dies durch eigene Schuld, wie können wir ihn bezeichnen? Lasst ihn uns *Sünde* nennen.«[6] Climacus scheint hier darauf hinauszuwollen, dass die Wahrheit, die sich der Mensch nicht selbst geben kann, von dem Gott an ihn herangetragen wird und dass sich der Mensch erst dann als in Unwahrheit befindlich verstehen kann. Dabei handelt es sich offensichtlich nicht um eine Orientierungslosigkeit oder eine Verwirrung, sondern um etwas Tieferliegendes, was sich der Mensch zudem selbst angetan hat. Folgt man Climacus in dieser Darstellung, dann ist das Herantragen der Wahrheit an den Menschen, der sich in der Unwahrheit befindet, aber nicht nur mit der Erkenntnis dieser Unwahrheit (also der Sünde) verbunden, sondern auch mit der Möglichkeit der Befreiung daraus. Was mit »Sünde« gemeint ist, wird konkret erst in der *Krankheit zum Tode* deutlich, auf die es noch zurückzukommen gilt. Hier scheint jedoch zumindest so viel deutlich geworden zu sein: Erst indem sich das Unbekannte (das Ewige) in der Offenbarung ein Kennzeichen gibt, nimmt der Mensch sein eigenes ewiges Bewusstsein wahr. Dies äußert sich zunächst darin, dass der vorhergehende Zustand sich als Sünde ausdrückt, als Bruch mit diesem ewigen Bewusstsein. Gleichzeitig wird die Möglichkeit eröffnet, diesen Bruch wieder aufzuheben. Beides bezeichnet Climacus als Umschaffen und die Aufhebung des Bruches schließlich als Wiedergeburt. Er illustriert nun diese Offenbarung und das Problem, das mit einem Sich-zu-verstehen-Geben zwischen so ungleichen Gesprächspartnern einhergeht. Bezeichnend für Kierkegaard überhaupt, kleidet er den Sachverhalt in eine Art Liebesgeschichte:

»Stell dir vor, es wäre ein König, der ein einfaches Mädchen liebte. Doch hat der Leser vielleicht schon die Geduld verloren, wenn er hört, dass der Anfang wie bei einem Märchen ist und keineswegs systematisch [...].
Stell dir also vor, es wäre ein König, der ein einfaches Mädchen liebte. Das Herz des Königs wäre unbefleckt von jener Weisheit, die hinlänglich lautstark verkündet wird, unvertraut mit den Schwierigkeiten, die der Verstand entdeckt, um ein Herz zu bestricken, und die den Dichtern genug zu tun geben und ihre Zauberformeln erforderlich machen. Sein Entschluss wäre einfach auszuführen; denn jeder Staatsmann fürchtete seinen Zorn und wagte auch keine Bemerkungen hinter vorgehaltener Hand; jeder fremde Staat erzitterte vor seiner Macht, und keiner wagte es, von der Entsendung von Glückwünschen zur Vermählung abzusehen, und kein Hofgekreuch wagte es, ihn zu verletzen, damit nicht der eigene Kopf zermalmt würde. So lass denn die Harfe gestimmt sein, lass die Gesänge der Dichter beginnen, lass alles festlich sein, während die Liebe ihren Triumph feiert; denn die Liebe frohlockt, wenn sie das, was gleich ist, vereint, sie triumphiert aber, wenn sie das in der Liebe gleich macht, was ungleich war. – Da erwachte eine Sorge in der Seele des Königs, wer könnte sie sich erträumen außer ein König, der königlich denkt! Er sprach zu niemandem von seiner Sorge, denn hätte er es getan, hätte wohl jeder Hofmann gesagt: ›Ihre Majestät, Sie erweisen dem Mädchen eine Wohltat, für die es Ihnen sein ganzes Leben lang nicht danken kann‹; und damit hätte der Hofmann wohl den Zorn des Königs

erweckt, so dass er ihn wegen Majestätsbeleidigung der Geliebten hinrichten hätte lassen. So wäre das Leid des Königs nur noch größer geworden. Einsam wälzte er das Leid in seinem Herzen: ob denn das Mädchen glücklich sein würde, ob sie die Freimütigkeit gewinnen könnte, niemals an das zu denken, was der König nur vergessen wollte: dass er der König war und sie das einfache Mädchen gewesen war. Denn erwachte diese Erinnerung und lenkte sie zuweilen wie ein begünstigter Nebenbuhler die Gedanken des Mädchens fort vom König, lockte die Erinnerung es in die Verschlossenheit heimlichen Kummers, oder ginge sie zuweilen an seiner Seele vorüber wie der Tod über ein Grab: wo bliebe dann die Herrlichkeit der Liebe! Da wäre sie ja glücklicher, wenn sie in ihrem verborgenen Winkel geblieben wäre, geliebt vom Ebenbürtigen, genügsam in der einfachen Hütte, aber freimütig in ihrer Liebe und unbefangen früh und spät. Welches reiche Übermaß an Leid steht hier nicht gleichsam gereift, beinahe hinsinkend unter dem Gewicht seiner Frucht, bloß auf die Zeit der Ernte wartend, wo der Gedanke des Königs die Saat des Kummers daraus herausdreschen wird. Denn wenn das Mädchen vielleicht auch damit zufrieden wäre, zunichte zu werden, den König könnte es nicht zufrieden stellen, eben weil er sie liebte und weil es ihm schwerer fiel, ihr Wohltäter zu sein, als sie zu verlieren. Und falls sie ihn nicht einmal verstehen würde; denn wenn wir schon töricht vom Menschlichen sprechen, so könnten wir ja auch einen Geistesunterschied annehmen, der das Verständnis unmöglich macht – welches tiefe Leid schlummert doch nicht in dieser unglücklichen Liebe, wer könnte sich darauf berufen? Doch ein Mensch wird sie nicht erleiden; denn ihn würden wir an Sokrates verweisen oder darauf, was in noch schönerem Sinne die Ungleichen gleich zu machen vermag. [...]

Auf diese Weise wird die Liebe also nicht glücklich, vielleicht wohl scheinbar die des Lernenden und des Mädchens, aber nicht jene des Lehrers und des Königs, die sich mit keiner Täuschung zufrieden geben mag. So hat der Gott Freude daran, die Lilie prächtiger zu schmücken als Salomon; aber wenn hier von einem Verständnis die Rede sein kann, wäre es ja ein trauriger Trug, in dem sich die Lilie befände, wenn sie, die prächtigen Kleider betrachtend, meinte, aufgrund der

Kleider die Geliebte zu sein; und während sie nun unbefangen in der Wiese steht, mit dem Wind scherzend, unbekümmert wie sein Wehen, da würde sie wohl verkümmern und nicht die Freimütigkeit finden, ihr Köpfchen zu erheben. Und gerade das war ja die Sorge des Gottes; denn die Knospe der Lilie ist zart und wird leicht geknickt. [...] Es gab ein Volk, das sich wohl auf das Göttliche verstand; dieses Volk meinte, dass Gott zu sehen der Tod sei. – Wer vermag den Widerspruch dieses Leides zu erfassen: sich nicht zu offenbaren ist ja der Tod der Liebe und sich zu offenbaren ist der Tod des Geliebten.«[7]

Diese Passage zeugt nicht nur von einer tiefgründigen psychologischen Einsicht, sondern ist obendrein von höchster gedanklicher Präzision und fulminant formuliert. Sie zeigt deutlicher als die ziemlich abstrakten Überlegungen von Climacus, worin das Problem der Offenbarung besteht: Soll die Unbefangenheit des Menschen bewahrt werden, kann der Gott den Menschen nicht zu sich in die Ewigkeit ziehen, sondern er muss zu ihm herabsteigen – in der Inkarnation, d. h. in der Knechtsgestalt Jesu. Laut Climacus wird darin das, was ungleich war, einander gleich gemacht: »[...] denn die Liebe frohlockt, wenn sie das, was gleich ist, vereint, sie triumphiert aber, wenn sie das in der Liebe gleich macht, was ungleich war.«

Existenz und Mitteilung

In der *Abschließenden unwissenschaftlichen Nachschrift zu den philosophischen Brocken* führt Johannes Climacus die in den *Philosophischen Brocken* aufgeworfenen Fragen weiter. Auch hier zeichnet S. Kierkegaard als Herausgeber. Gefragt wurde in den *Brocken* danach, ob es einen geschichtlichen Ausgangspunkt für ein ewiges Bewusstsein geben kann, inwiefern ein solcher mehr als bloß geschichtlich zu interessieren vermag und ob man eine ewige Seligkeit auf ein geschichtliches Wissen gründen kann. Indem er in der *Nachschrift* an diesem letzten Punkt ansetzt, kleidet Climacus nun wie schon in den *Philosophischen Brocken* angekündigt die Frage in ein »historisches Kostüm«. Die Wahrheit des Christentums beruht, da sie sich auf das historische Ereignis der Inkarnation stützt, eben auf dem Verhältnis zu diesem historischen Ereignis. Dementsprechend gliedert Climacus die *Nachschrift* in zwei – wenn auch ungleiche – Teile. Zunächst wird das objektive Verhältnis zur Wahrheit behandelt. Climacus fragt nach dem objektiven Wert der historischen Nachricht von der Inkarnation, wie sie von der Heiligen Schrift, von der Kirche, in liturgischen Formeln und im Glaubensbekenntnis vermittelt wird. Auch der Bestand der Kirche selbst, »der Beweis der Jahrhunderte«, wird hier verhandelt. Climacus kommt zu dem Ergebnis, dass all das objektiv nichts austrägt, da es sich um Nachrichten von historischen Ereignissen handelt, die bereits als solche kontingent sind und nur ein »Approximationswissen« gestatten, also nur annäherungsweise objektive Gewissheit für sich beanspruchen können. Aber eine solche Gewissheit ist eben keine Gewissheit; Letztere kann nur in einem Entschluss, in einem »Sprung« erreicht werden. Die philosophische Betrachtung, die »Spekulation«, wie Climacus sie nennt, versucht, die Inkarnation als Denknotwendigkeit zu erweisen, was freilich deren Gewissheit verbürgen könnte. Climacus macht jedoch auch hier die Kontingenz historischer Ereignisse geltend. Darüber hinaus macht er auf ein Problem aufmerksam, das bereits zum zweiten Teil der *Nachschrift* hinführt, der die subjektive Haltung betrifft. Die Spekulation in ihrer Objektivität, so Climacus, verhalte sich vollkommen gleichgültig zu meiner und deiner ewigen Seligkeit, während diese gerade in der durch äußerste Anstrengung gewonnenen subjektiven Haltung zur je eigenen Seligkeit liege. Und genau diese Subjektivität steht thematisch im Mittelpunkt des zweiten Teils der *Nachschrift*, wenn man bei einem derart labyrinthischen wie sprunghaften Werk überhaupt von einem Mittelpunkt sprechen kann.

Zweifellos hatten die *Brocken* und die *Nachschrift* die größte theologische wie philosophische Wirkung von allen Werken Kierkegaards. Und dies, obwohl sich beide Schriften experimentell und hypothetisch zu ihrem Gegenstand verhalten. Bereits im Titel und viel mehr noch in der Form setzen sie sich in ein ironisches und polemisches Verhältnis zu zeitgenössischen Bestrebungen, eine systematische und durchgängig begründete Beschreibung und Erklärung der Wirklichkeit zu leisten. Das philosophische und theologische Interesse, das die *Brocken* und die *Nachschrift* geweckt haben, hat weniger mit der oben skizzierten Fragestellung zu tun als mit der im zweiten Teil dargestellten Problematik. Die Aufgabe des subjektiven Denkers besteht, so Climacus, nämlich darin, sich selbst in seiner Existenz zu verstehen. Dies führt ihn dazu, ein neues Verständnis der menschlichen Existenz zu entwerfen, was wiederum eine Revision des traditionell verstandenen Verhältnisses von Denken und Sein und damit eine völlige Neubestimmung von Wahrheit mit sich bringt. Letzteres schließlich mündet in die Frage der Mitteilbarkeit einer als subjektiv verstandenen Wahrheit, die Kierkegaard in seiner originellen Kommunikationstheorie skizziert.

Der Mensch ist in der Sicht Kierkegaards überhaupt, und so

auch bei Climacus, ein zusammengesetztes Wesen. Damit meint er zunächst, dass der Mensch aus dem Endlichen und dem Unendlichen zusammengesetzt ist. Betrachtet man dies unter dem Aspekt der Zeit, handelt es sich dabei um eine Zusammensetzung des Zeitlichen und des Ewigen; das Zeitliche wird nämlich bei Kierkegaard als Endliches, das Ewige als Unendliches gedacht. Unter dem Aspekt der Modalität können die grundlegenden Bestimmungen als Wirklichkeit und Möglichkeit angesprochen werden, da die Wirklichkeit eine bestimmte und damit endliche ist, wohingegen die Möglichkeit offen ist und in diesem Sinne als unendlich angesprochen werden kann. Die Bestimmung des Menschen als Synthese ist eine für Kierkegaards gesamtes Werk grundlegende Voraussetzung, die er in den verschiedensten Schriften thematisiert.

In der *Nachschrift* wird dieses Zusammengesetztsein des Menschen ganz eng an das Existieren geknüpft. Es wird von der Schwierigkeit und der Not der Existenz bzw. des Existierens gesprochen, die darin liege, dass man »zusammengesetzt aus dem Ewigen und dem Zeitlichen in die Existenz gestellt ist«[1]. Alle Vertiefung in die Existenz besteht darin, diese disparaten Entitäten »zusammenzusetzen«.[2] Es ist von der Not und von der Schwierigkeit die Rede, zusammengesetzt zu sein, aber auch von der Forderung zusammenzusetzen. Die erste Formulierung bezeichnet ein Gegebenes, die zweite ein Aufgegebenes, eine Aufgabe. Die Synthese, das Selbst also, ist als Aufgegebenes gegeben, könnte man formulieren. Der Mensch wird hier als etwas Zusammengesetztes (griech. *synthesis*) aufgefasst, das aber noch nicht »zusammen ganz«, keine konkrete Totalität (griech. *synholon*) ist, um es mit Aristoteles' Begriffen zu sagen. Dieser seiner Verfasstheit entsprechend hat der Mensch die Möglichkeit, seine potenzielle Ganzheit aufzugeben und nur eine der beiden Seiten, aus denen er so sonderbar zusammengesetzt ist, zu realisieren. Ein trauriger Narr ist, wer das Zeitliche ignoriert und sich in das Ewige verrennt. Ebenso tragikomisch sind jene umtriebig Geschäftigen, die sich unter Beteuerung der Ernsthaftigkeit und emsigem gegenseitigem Schulterklopfen in die Zeitlichkeit mit ihren mannigfaltigen Endlichkeiten verlieren.

Diesem Zusammengesetztsein ohne ganz zu sein gibt Climacus die Bezeichnung »Werden« und »Streben«. Zu existieren, was eben durch »Werden« und »Streben« charakterisiert ist, heißt für den Menschen, unterwegs zu sein und bedürftig zu sein. Für Kierkegaard sind diese beiden Kennzeichnungen des menschlichen Lebens grundlegend, deshalb taucht in diesem Zusammenhang häufig die Metapher des Weges auf. Climacus erinnert an zwei göttliche Figuren aus der griechischen Mythologie: Die eine, immer unterwegs, ist Poros (der Weg), die andere, immer bedürftig, Penia (die Bedürftigkeit). Zusammen haben sie den Eros gezeugt. Climacus schreibt: »Denn Liebe [dän. *Elskov*] bedeutet hier offenbar Existenz oder das, wodurch das Leben im Ganzen ist, jenes Leben, das die Synthese aus dem Unendlichen und dem Endlichen ist. Armut und Reichtum zeugten also, laut Platon, den Eros, dessen Wesen aus beiden gebildet ist. Was aber ist Existenz? Es ist jenes Kind, das vom Unendlichen und vom Endlichen, vom Ewigen und vom Zeitlichen gezeugt und daher beständig strebend ist. Dies war die Meinung des Sokrates: Deswegen ist die Liebe [dän. *Kjerligheden*] beständig strebend, d. h., das denkende Subjekt ist existierend.«[3] Bezeichnend ist hier, dass für das Leben im Ganzen, für das erfüllte Leben, erotische Metaphern gebraucht werden. Für große Teile des kierkegaardschen Werkes ist es charakteristisch, dass das erfüllte Leben mit erotischen Bildern beschrieben wird, im Gegensatz zum unlebbaren Leben, das – ebenfalls antithetisch formuliert – seinen Ausdruck in einer Art »Zombie«-Metapher (die das ungelebte Leben, den Untoten bezeichnet) findet.

Außerdem ist auf den gehäuften Gebrauch von Antithesen und auf das abschließende Oxymoron »beständig strebend« in der zitierten Passage hinzuweisen. Damit ist formal angezeigt, worum es inhaltlich geht. Für Climacus führt die Synthesestruktur nicht nur zur Leidenschaft; die ungleichen, von Natur eigentlich auseinander strebenden Elemente können auch nur in Leidenschaft »zusammengesetzt« werden. Die antithetische Struktur des Menschen, die in der Synthese der Leidenschaft[4] zusammengehalten wird, ermöglicht nicht nur, sondern bewirkt auch ein beständiges Streben. Ebenso gilt umgekehrt, dass dieses jene voraussetzt. Mit »beständig strebend« ist nicht so sehr gemeint, dass es immer im Streben ist – was es auch ist –, sondern dass es im Streben Bestand hat und darin sich selbst gleich bleibt. Wenn dem nicht so wäre, würde der Mensch ruhelos von einem zum anderen hasten, keinen Zusammenhang, keine Kontinuität und damit keine Geschichte, keinen Bestand haben und sich in Zerstreuung verlieren – kurz, er könnte nicht *beständig* werden. Andererseits könnte ohne die Voraussetzung einer antithetischen Struktur auch nicht ohne weiteres erklärt werden, wie der Mensch strebt, in Bewegung ist – kurz, er könnte sich nicht ohne weiteres erklären, dass er beständig *werden* kann. Es wird also deutlich, dass die Konzeption der Existenz wesentlich an jene der zeitlichen Verfasstheit, der Beständigkeit und des Strebens geknüpft ist, oder genauer gesagt, damit zusammenfällt.

Nach der Frage, was »Existenz« bzw. »existieren« ist, behandelt Kierkegaard deren Verhältnis zum Denken. Er unterscheidet streng zwischen Denken und Sein. Damit bricht er mit einer Voraussetzung der abendländischen Philosophie, die seit Parmenides ausdrücklich gemacht wurde. Somit steht er in schroffem Gegensatz auch zu Hegels Auffassung, dessen Logik Ontologie ist. Akzeptiert man die Annahme der Identität von Denken und Sein, so muss das eine direkt und restlos im anderen ausdrückbar, also kommensurabel sein. Die Frage der Wahrheit stellt sich dann als Frage der Übereinstimmung von Denken und Sein. Wie wir gesehen haben, bestimmt Climacus das Sein des Menschen als Existenz (bzw. als Dasein) und charakterisiert es durch Werden, durch Streben und dementsprechend durch Unabgeschlossenheit,

d. h. durch Offenheit. Deshalb kann das Denken das Dasein nie erreichen. Climacus drückt das folgendermaßen aus: »Ein System des Daseins kann nicht gegeben werden. Gibt es ein solches also nicht? Keineswegs. Das liegt auch nicht in dem Gesagten. Das Dasein selbst ist ein System – für Gott; aber es kann es nicht sein für irgendeinen existierenden Geist. System und Abgeschlossenheit entsprechen einander; Dasein aber ist gerade das Entgegengesetzte. Abstrakt lassen sich System und Dasein nicht zusammendenken, weil der systematische Gedanke, um das Dasein zu denken, es als aufgehoben, also nicht als daseiend denken muss.«[5]

Mit dieser strengen Trennung von Denken und Dasein gibt Climacus einigen wichtigen Strömungen der Philosophie des 20. Jahrhunderts ihr Grundthema vor. Für Climacus selbst hat diese Stellung des Denkens zum Dasein ebenfalls wichtige Konsequenzen. Wie wir gesehen haben, kann Wahrheit nun nicht mehr als Übereinstimmung zwischen Denken und Sein gefasst werden. Auch die hegelsche Auffassung, der zufolge Wahrheit dann vorliegt, wenn etwas Gegebenes seinem Begriff entspricht, kann er nicht teilen. Die Auffassung der Existenz als im Werden und im Streben befindlich führt Climacus zu einer Neubestimmung des Verhältnisses von Denken und Sein und damit zu einer neuen Bestimmung dessen, was Wahrheit ist. Er hält fest: »Wenn objektiv nach der Wahrheit gefragt wird, so wird objektiv auf die Wahrheit als einen Gegenstand reflektiert, zu dem der Erkennende sich verhält. Es wird nicht auf das Verhältnis reflektiert, sondern darauf, dass es die Wahrheit, das Wahre ist, wozu er sich verhält. Wenn das, wozu er sich verhält, bloß die Wahrheit, das Wahre ist, so ist das Subjekt in der Wahrheit. Wenn subjektiv nach der Wahrheit gefragt wird, so wird subjektiv auf das Verhältnis des Individuums reflektiert; wenn nur das Wie dieses Verhältnisses in Wahrheit ist, so ist das Individuum in Wahrheit, selbst wenn es sich so zur Unwahrheit verhielte.«[6]

Wir haben bereits gesehen, dass historische Ereignisse die Frage nach einem objektiven Was im strengen Sinn nicht zulassen, sondern immer nur eine Annäherung erlauben. Mit der Betonung des subjektiven Wie des Verhältnisses wird der Subjektivität nun die zentrale Rolle bei der Frage nach der Wahrheit zugeschrieben. Daher sehen viele Leser in Climacus einen radikalen Verteidiger der Subjektivität, auch wenn er diese Formulierung auf die wesentliche Wahrheit, d. h. auf die Wahrheit, sofern sie sich wesentlich zur Existenz verhält, beschränkt. Dies ist freilich noch beunruhigend genug. Aber Climacus bestimmt die Subjektivität noch weiter, und zwar als Innerlichkeit und Leidenschaft. Subjektivität meint hier einerseits, dass bei Fragen, die die eigene Existenz betreffen, jeder selbst herausfinden muss, wie es sich damit verhält. Andererseits muss dieses Wissen auch in persönlicher Aneignung verwirklicht werden; ein objektives Wissen, das in keinem Zusammenhang mit der eigenen Wirklichkeit steht, nützt hier nichts. Der Ausdruck »Innerlichkeit« mag zwar den Gedanken eines quietistischen Rückzugs von der Welt nahe legen, aber Climacus gibt ihm eine überraschende Richtung: Innerlichkeit ist eine bestimmte Weise, wie man sich zu einem Äußeren verhält. Und wenn es um die eigene Existenz geht, besteht die Innerlichkeit in einer leidenschaftlichen, recht verstandenen Sorge um diese eigene Existenz, die als solche natürlich mit Äußerem in verschiedenster Weise verwoben ist.

Radikal formuliert Climacus die Priorität einer so verstandenen Subjektivität in Bezug auf die Wahrheit der Gotteserkenntnis: »Wenn einer, der mitten im Christentum lebt, in das Haus Gottes, in das Haus des wahren Gottes hineingeht, mit der wahren Vorstellung von Gott in seinem Wissen, und nun betet, aber in Unwahrheit betet; und wenn einer in einem Abgötterei treibenden Land lebt, aber mit der ganzen Leidenschaft der Unendlichkeit betet, obwohl sein Auge auf dem Bild eines Götzen ruht: Wo ist dann am meisten Wahrheit? Der eine betet in Wahrheit zu Gott, obgleich er einen Götzen anbetet; der andere betet in Unwahrheit zu dem wahren Gott und betet daher in Wahrheit einen Götzen an.«[7] Diese Passage ist natürlich heftig diskutiert worden. Die Crux scheint aber gerade darin zu liegen, dass man sich »mit der ganzen Leidenschaft der Unendlichkeit« gar nicht zu irgendetwas Endlichem verhalten kann, auch wenn das »Auge auf dem Bild eines Götzen ruht«.

Noch verwickelter wird die Sache, wenn Climacus ausführt, dass das bisher über die Wahrheit als Subjektivität Gesagte lediglich für das immanente Denken gelte. Den Hauptgedanken der *Brocken* aufnehmend, formuliert er nämlich: »Also, die Subjektivität, die Innerlichkeit ist die Wahrheit; gibt es nun einen *innerlicheren* Ausdruck dafür? Ja, wenn die Rede: die Subjektivität, die Innerlichkeit ist die Wahrheit, folgendermaßen anfängt: die Subjektivität ist die Unwahrheit.«[8] Dies bezieht sich auf die Behauptung in den *Brocken*, die sokratisch verstandene Unwissenheit verwandle sich nach der Menschwerdung Gottes radikal. Erst durch die Offenbarung entdecke der Mensch, dass das, was er bisher als Unwissenheit oder einfach Verwirrung betrachtet hat, eigentlich Sünde ist. Damit scheint er zu meinen, dass der Mensch nunmehr in der Unwissenheit nicht nur von der Wahrheit getrennt ist, sondern dass er sich selbst von ihr abgewendet habe – immer schon. Um zu erkennen, dass die Unwissenheit Sünde sei, bedürfe es der Offenbarung, darauf könne nämlich niemand von selbst kommen. Im Abschnitt über die *Krankheit zum Tode* wird näher erklärt werden, was bei Kierkegaard mit »Sünde« gemeint ist. Hier mag der Hinweis genügen, dass Climacus mit seiner Reformulierung des Wahrheitsbegriffs auf etwas Bestimmtes abzielt: nämlich auf eine Vertiefung der Innerlichkeit und damit der Leidenschaft, wenn die Subjektivität entdeckt, dass sie in ihrem Existenzvollzug immer schon falsch angefangen hat. Climacus beschreibt sich selbst als einen Nicht-Christen, der herauszufinden versucht, was es heißt, ein Christ zu sein. Mit dieser nochmaligen Wendung in der Bestimmung der Wahrheit als Subjektivität verrät er aber, dass er schon Phänomene in den Blick genommen hat, die er eigentlich von seinem Standpunkt aus gar nicht behandeln kann.

Wir haben nun gesehen, dass mit der Bestimmung der Existenz als Synthese aus Endlichkeit und Unendlichkeit für Climacus auch eine neue Bestimmung des Verhältnisses von Denken und Sein (Dasein) erforderlich wurde. Dies führte weiter zur Frage nach der Wahrheit, die ja traditionell als eine Übereinstimmung zwischen Denken und Sein gedacht wurde. Die nächste Frage, die Climacus behandelt, betrifft die Mitteilbarkeit der Wahrheit. Hier muss etwas weiter ausgeholt werden, da die Mitteilung bzw. Kommunikation als eines der zentralen Themen in Kierkegaards Werk in verschiedenen Schriften behandelt wird. Ausbleiben oder Misslingen von Kommunikation äußert sich im ungelebten, unlebbaren Leben, einem Leben, das die Wirklichkeit nicht erreicht und von Kierkegaard mit Ausdrücken wie etwa Geschäftigkeit, Langeweile, Dämonie, Schwermut, Verzweiflung und Borniertheit angesprochen wird. Weil er diese Problemlage häufig unterstreicht und die vielfältigen Möglichkeiten des Misslingens von Kommunikation immer wieder thematisiert, steht er im Ruf, den Einzelnen als solipsistisch und kommunikationslos aufzufassen. Wie wichtig aber Kommunikation für Kierkegaard ist, zeigt schon der Umstand, dass er 1847 eine Vorlesungsreihe zu diesem Thema konzipierte. Sie bekam den Titel *Die Dialektik der ethischen und ethisch-religiösen Mitteilung*. Kierkegaard gab die Idee, Vorlesungen zu halten, bald wieder auf, die Entwürfe dazu sind jedoch erhalten.[9]

Darin skizziert er ein für seine Zeit überraschend komplexes Kommunikationsmodell. Er unterscheidet dabei a) einen Gegenstand der Mitteilung, b) den Mitteilenden (Absender), c) den Empfänger, d) die Mitteilung selbst als Prozess. Darüber hinaus ist für bestimmte Mitteilungen e) die Situation sowie f) die adäquate Stimmung zu berücksichtigen. Hat eine Mitteilung einen genau definierten Gegenstand, so spricht er von der Mitteilung eines Wissens, sonst von der Mitteilung einer Fertigkeit, d. h. eines Könnens. Diese Einteilung entspricht der Gegenüberstellung von Wissenschaft und Kunst, wobei zur Kunst auch alle Formen von Praxis gezählt werden.

Insofern gehört auch die Ethik zur Kunst. Die Mitteilung eines Wissens wird charakterisiert durch das besondere Gewicht, das dem Inhalt der Mitteilung zukommt. Es kann nämlich davon abgesehen werden, das Verhältnis dieses Inhalts zu den übrigen Parametern zu klären, ohne etwas vom objektiven Gehalt einer solchen Wissensmitteilung zu verlieren. Mitteilungen, die nicht zureichend ohne Reflexion auf Absender, Empfänger, Prozess und Situation der Kommunikation sowie Stimmung beschrieben werden können, haben zunächst keinen bestimmten, keinen genau definierten Inhalt (Gegenstand). Dieser hängt ja zugleich von den anderen erwähnten Parametern der Kommunikation ab. Wenn zur Bestimmung der Mitteilung sowohl der Absender als auch der Empfänger wichtig sind, spricht Kierkegaard von der Mitteilung einer ästhetischen Fertigkeit. Ist der Absender wichtig, der Empfänger jedoch ausschlaggebend, handle es sich um eine ethische Fertigkeit. Vom Ethischen als dem Allgemeinen wird nämlich vorausgesetzt, dass es jeder weiß. Es gibt beim Ethischen in gewissem Sinne keinen Mitteilenden, bestenfalls einen Mäeutiker oder aber jemanden, den wir als Peirastiker bezeichnen wollen (laut Aristoteles jemand, der sich auf die Kunst des Prüfens versteht). Der Mäeutiker (»Geburtshelfer«) hilft seinem Gesprächspartner, das freizulegen, was bei diesem bereits vorhanden ist. Der Peirastiker deckt ein scheinbares, nur eingebildetes Wissen auf, er »entfernt« es. Wenn die Stellung des Absenders entscheidend für die Kommunikation ist, spricht Kierkegaard von der Mitteilung einer religiösen Fertigkeit. Die Richtigkeit der Mitteilung und somit das Gelingen der Kommunikation hängen dabei von der Autorität des Absenders ab. Im Unterschied zur ethischen Mitteilung enthält die religiöse zunächst jedoch ein Wissen – und zwar von der Menschwerdung Gottes. In den *Philosophischen Brocken* wird dieser Umstand auch anders beschrieben: Der Mensch erfährt durch die Menschwerdung Gottes seine eigene Sündhaftigkeit.

Der Unterscheidung zwischen der Mitteilung eines Wissens

und einer Fertigkeit entspricht die Gegenüberstellung von direkter und indirekter Mitteilung. Unter einem logischen Gesichtspunkt betrachtet ergeben sich in manchen Fällen Probleme bei der direkten Mitteilung, wenn man Aussagen hinsichtlich ihres Inhalts und ihrer Form betrachtet. Außerdem werden Aussagen problematisch, die sich auf sich selbst beziehen, das heißt selbstreferenziell sind (z. B. »Der Kreter sagt: ›Alle Kreter lügen‹«). Bei Kierkegaard ergibt sich ein spezielles Problem der Mitteilung, weil er einen eigentümlichen Wahrheitsbegriff verwendet. Dieser ist nämlich nicht semantisch, sondern kann als »praxeologisch« bezeichnet werden. Damit ist gemeint, dass Kierkegaard von einem Widerspruch zwischen dem, was man tut, und dem, was man sagt, sprechen kann. Dies hervorzuheben ist wichtig, da in der abendländischen Logik die Wahrheit üblicherweise an ein Urteil, an eine Aussage geknüpft ist. Vor diesem Hintergrund kann eine Handlung weder wahr noch falsch sein, da sie dem sprachlichen Ausdruck vollkommen heterogen ist. Kierkegaards »praxeologisches« Wahrheitsverständnis sieht darin aber einen speziellen Fall von Selbstreferenzialität von Aussagen. Wird das, was man sagt, in dem, was man tut, wiederholt, nennt Kierkegaard dies eine Reduplikation des Inhalts in der Form oder auch einfach Verdoppelung. Die Entsprechung von Inhalt und Form von Aussagen und Handlungen bezeichnet er als Redlichkeit.

Betrachtet man die Mitteilung nicht nur unter einem logischen, sondern auch unter einem ästhetischen Gesichtspunkt, so rückt das Verhältnis von Inhalt und Form, Inhalt und Ausdruck bzw. Stoff und Form in den Mittelpunkt der Aufmerksamkeit. Auch der Climacus der *Nachschrift* sieht diese Problematik der Mitteilung und spricht von der Dialektik der Mitteilung.[10] Das zeigt sich schon in der literarischen Form, die häufig ironisch ist. Der Ironie als literarischer Figur ist nämlich das Spannungsverhältnis zwischen Inhalt und Form, zwischen dem, was man sagt, und dem, was man meint, gleichsam eingeschrieben. Climacus meint nun, dass die Mitteilungen des objektiven Denkens, eines Wissens also, das ja gerade frei von Subjektivität sein soll, kein Problem für die Kommunikation darstellen. Lange nach Kierkegaard haben allerdings die Disziplinen der Wissenschaftsgeschichte und -theorie und besonders die der Wissenssoziologie darauf aufmerksam gemacht, dass auch »objektives Wissen« ohne subjektive Parameter nicht hinlänglich beschrieben und kommuniziert werden kann. Climacus hält – durchaus im Geist seiner Zeit – an der grundsätzlichen Verschiedenheit des subjektiven und des objektiven Denkens fest. Dieser Unterschied äußert sich in der Form der Mitteilung. Wenn eine Mitteilung die Existenz betrifft, dann erfordert sie eine doppelte Reflexion. »Wenn der Gedanke seinen rechten Ausdruck im Wort gefunden hat, was durch die erste Reflexion erreicht wird, dann kommt die zweite Reflexion, die das eigene Verhältnis der Mitteilung zum Mitteilenden betrifft und das eigene Verhältnis des existierenden Mitteilenden zur Idee wiedergibt.«[11] Wenn der Mitteilende ein Mensch ist, dann ist er, wie wir oben gesehen haben, im Werden, er ist unabgeschlossen.

Der subjektiv existierende Denker kann von seinem eigenen Zusammengesetztsein nicht absehen, indem er der Mitteilung, die ihn als Existierenden oder den Empfänger als solchen selbst betrifft, eine Form gäbe, die dieses eigene Im-Werden-Sein nicht berücksichtigte. Direkt lassen sich Mitteilungen wie »Sei du selbst!« oder »Sei spontan!« sinnvollerweise nicht machen. Es kommt zu einem logischen Widerspruch, der aufzeigt, dass der Mitteilende sich selbst nicht verstanden hat, da die Form der Mitteilung dem Inhalt widerspricht. Die Aufforderung »Sei du selbst!« würde geradezu verhindern, was angestrebt wird. Sollen dennoch Mitteilungen gemacht werden, die die Existenz betreffen – und das müssen sie, da ein gelingendes Leben eine gelingende Kommunikation einschließt –, dann muss die indirekte Mitteilung gewählt werden. Der subjektiv existierende Denker, der die Doppelreflexion im Blick hat, macht durch die indirekte Mitteilung auch den anderen frei,[12] weil sie dem Empfänger die Möglichkeit gibt, sich das Mitgeteilte anzueignen.[13] Eine Mitteilung wie »Sei spontan« kann gar nicht als Resultat übernommen, sondern nur in Selbsttätigkeit angeeignet werden. Climacus beschreibt das so: »Wenn nämlich die Innerlichkeit die Wahrheit ist, so ist ein Resultat nur lärmender Plunder, womit man einander nicht belasten soll, und die Mitteilung von Resultaten ist ein unnatürlicher Verkehr zwischen Mensch und Mensch, insofern als jeder Mensch Geist ist und die Wahrheit gerade die Selbsttätigkeit der Aneignung ist, die eben ein Resultat verhindert.«[14]

Indirekte Mitteilung im strengen Sinn ist für Kierkegaard also ein logisches Problem, das mit dem Verhältnis von Form und Inhalt einer Aussage zu tun hat. Climacus drückt das in einer knappen Formulierung so aus: »Die gewöhnliche Mitteilung, das objektive Denken hat keine Geheimnisse, erst das doppelt-reflektierte Denken hat Geheimnisse, d. h. all sein wesentlicher Inhalt ist wesentlich Geheimnis, weil es sich nicht direkt mitteilen lässt.«[15] Damit einher geht jedoch das ästhetische Problem. Auf die diesbezügliche Rolle der Ironie wurde bereits hingewiesen. Aber auch die Struktur des gesamten kierkegaardschen Werkes mit seiner Polyperspektivität, die sich aus den vielfach gegliederten Mitteilungsformen der ästhetischen und erbaulichen Schriften ergibt, hat letztlich ihren Grund in der Mitteilungsproblematik.

So viel zur Frage, wie sich die Dialektik der Mitteilung in menschlicher Kommunikation äußert. Wie sich die Sache im Falle einer religiösen Mitteilung verhält, bei der das entscheidende Gewicht auf der Autorität des Absenders liegt, wurde bereits in den *Philosophischen Brocken* behandelt. Eine Verschärfung erfährt diese Thematik in der Schrift *Einübung im Christentum*. Dort behandelt das Pseudonym Anti-Climacus diese Frage im Rahmen seiner Christologie, und zwar im Zusammenhang mit einer Zeichentheorie. Ein Zeichen, so Anti-Climacus, ist »die negierte Unmittelbarkeit oder das zweite Sein, unterschieden vom ersten Sein«[16]. Damit meint er, dass ein Zeichen niemals unmittelbar ein Zeichen ist, sondern immer nur für den, der weiß, dass es ein Zeichen ist. Unmittelbar gibt es also kein Zeichen; es ist ein solches nur für den, der weiß, dass es etwas anderes als dieses Unmittelbare bedeutet. Ein Zeichen ist mithin, so Anti-Climacus, eine »Reflexionsbestimmung« – es ist nichts unmittelbar, empirisch Gegebenes. So ist etwa ein Stoppschild nur für den ein Zeichen, der weiß, dass es sich um ein Verkehrszeichen handelt; das gilt auch, wenn man nicht weiß, was es genau bedeutet, oder wenn man sich nicht daran hält.

Als Zeichen des Widerspruchs bezeichnet Anti-Climacus ein Zeichen, das in sich – genauer gesagt: in seiner Zusammensetzung – einen Widerspruch enthält. Zugrunde liegt hier der griechische Ausdruck *semeion antilegomenon* aus Lukas 2, 34, den Anti-Climacus mit dem dänischen Begriff *Modsigelsens-Tegn* (Zeichen des Widerspruchs) übersetzt. Er erläutert: »Ein Zeichen des Widerspruchs ist etwas, was die Aufmerksamkeit auf sich zieht, und wenn sich die Aufmerksamkeit darauf richtet, zeigt sich, dass es einen Widerspruch enthält.«[17] Als Beispiel für ein solches Zeichen des Widerspruchs wird eine Mitteilung angeführt, die eine Einheit von Scherz und Ernst ist. Der Empfänger weiß zunächst nicht, ob er eine Aussage als Scherz oder Ernst zu begreifen hat. Er wird zu einem selbsttätigen Urteil gezwungen, das mehr über ihn selbst als über die Mitteilung sagt: Er wird daran selbst offenbar.

Wenn es um den Gott-Menschen (Jesus Christus) als Zeichen des Widerspruchs geht, dann gibt es laut Anti-Climacus zwei Arten, wie man sich dazu verhalten kann und wie man selbst daran offenbar wird: Glauben oder Ärgernis. Dass das Ewige, Gott, in die Zeit gekommen und Mensch geworden ist und dabei zugleich Gott und Mensch ist, ist ein Widerspruch, ein Paradox. Daran scheitert das menschliche Denken; es kann lediglich verstehen, dass es das nicht verstehen kann. Wenn der Gott-Mensch sagt, »glaubt an mich«, so ist das an sich eine direkte Mitteilung. Aber wenn der, der das sagt, dieser verhöhnte Mensch ist, das Zeichen des Widerspruchs, dann wird sogar diese Aussage eine indirekte Mitteilung. Damit ist jede historische Gewissheit von diesem Ereignis objektiv wertlos. Der Glaube, der immer an die Möglichkeit des Ärgernisses geknüpft ist, ist damit gewissermaßen nur in der Situation der Gleichzeitigkeit mit dem Ereignis, im Sinne von »sich selbst gleichzeitig damit machen«, möglich. Das Christentum sei deswegen eine »Existenzmitteilung«.

Die Pointe von Anti-Climacus ist, dass sich der Gott-Mensch niemals direkt mitteilen kann. Wenn dem so ist, kann das Christentum keine Lehre sein, die ja als solche auf einer Wissensmitteilung beruht. Bereits in der *Nachschrift* wird diese Auffassung vorgetragen. Dort wird auch festgehalten, dass es nicht darum gehe herauszufinden, was das Christentum ist (d. h. als Lehre), sondern darum, ein Christ zu werden. Vor dem Hintergrund von Kierkegaards radikaler Betonung der Existenz hat Christwerden häufig einfach die Bedeutung von Menschwerden. Man mag darin durchaus ein kleinliches Scheitern an ihm fremden Formen von Spiritualität sehen; sein Blick für sie wurde durch eine ebenso selbstgefällige wie engherzige und intolerante Tradition bestimmt nicht eben geschärft. Auch gilt es zu bedenken, dass zu Kierkegaards Zeiten niemand dänischer Staatsbürger sein konnte, der nicht Mitglied der Staats- bzw. später der Volkskirche war. Aber genau hier erklärt sich Kierkegaards Insistieren auf der Existenz des konkreten Menschen: Ganz in der Tradition von Sokrates konnte er sich selbst und andere prüfen, wie es denn mit solchen Selbstverständlichkeiten wie Menschsein und Christsein steht. Climacus hatte sich in der *Nachschrift* ja vorgenommen, überall »Schwierigkeiten zu machen«.

Kierkegaards Stärke liegt in der oben beschriebenen Peirastik, deren Vorgehen er selbst »negativ mäeutisch« nennt. Dabei handelt es sich um die Kunst des Prüfens als Argumentationsform, bei der aus den Meinungen und Annahmen des Antwortenden heraus argumentiert wird. Aristoteles charakterisiert sie folgendermaßen: »Denn die Peirastik ist eine Art der Dialektik und hat es nicht auf den Wissenden abgesehen, sondern auf den Unwissenden, der sich aber den Schein des Wissens gibt.«[18] Indem Kierkegaard nun Menschsein und Christsein – so wie die skizzierten kirchlichen und staatlichen Verhältnisse dies nahe legen – beinahe als identisch setzt, öffnet sich ihm ein weites Feld für seine Kunst des Prüfens. Wiederholt behauptet er ja, man habe ganz einfach vergessen, was Existieren ist. Durch die nachdrückliche Betonung der Existenz unterläuft er dabei konfessionelle Grenzen. Das macht ihn gerade heute in einem globalen Gespräch der Kulturen und der verschiedenen Formen von Spiritualität als Gesprächspartner aktuell. Aber weil ein falsches Verständnis Kierkegaards nicht auszuschließen ist, besteht natürlich immer die Möglichkeit, dass er konfessionell vereinnahmt wird.

Die existenzielle Wende wird in den *Philosophischen Brocken* und in der *Nachschrift* vollzogen, und zwar als Frage danach, was es heißt, ein Christ zu werden. Kierkegaard selbst betrachtet die *Nachschrift* rückblickend als Wendepunkt in seiner schriftstellerischen Tätigkeit. Das bedeutet jedoch nicht, dass er mit den Themen bricht, die er bis dahin behandelt hat. Im Vergleich zu seinen experimentellen und ironischen Formen reflektiert er allerdings zunehmend die religiösen Voraussetzungen für sein Menschenbild in ernster, bisweilen gar pathetischer Form. Deutlich wird dies in der *Krankheit zum Tode*, in der Kierkegaard eine Anthropologie vorlegt, die man als pneumatisch und relational bezeichnen kann.

Verzweiflung

Mit der Schrift *Die Krankheit zum Tode* leistete Kierkegaard einen der wichtigsten Beiträge zur philosophischen Anthropologie des 19. Jahrhunderts. Sie erschien 1849 unter dem Pseudonym Anti-Climacus, während Kierkegaard selbst als Herausgeber zeichnete. Der Untertitel lautet »Eine christliche psychologische Erörterung zur Erbauung und Erweckung«. Darin mag man eine Andeutung darauf finden, dass Kierkegaard hier einerseits die Themen der unter Pseudonym erschienenen Schriften weiterführt, sie aber andererseits mit den erbaulichen, unter eigenem Namen erschienenen Schriften in ausdrückliche Beziehung setzt. Für die Bestimmung dessen, was der Mensch ist, wird die Synthesestruktur herangezogen. Sie wurde schon im *Begriff Ironie* und in *Entweder – Oder* von Kierkegaard erwähnt, später aber in der Schrift zum *Begriff Angst* sowie in der *Nachschrift* ausdifferenziert. Neu in der *Krankheit zum Tode* ist, dass die Synthese von etwas Anderem gesetzt ist, d. h., dass die Bestimmung »vor Gott« aus dem Bereich des Erbaulichen hinzugezogen wird, um zu klären, was der Mensch ist.

Um das Eigentümliche der kierkegaardschen Anthropologie hervorzuheben, soll kurz skizziert werden, wie die Situation des Menschen am Anfang des 19. Jahrhunderts theoretisch beschrieben wurde. Laut Hegel ist es die Aufgabe der Philosophie, »ihre Zeit zu begreifen« und damit das »Übel der Zeit«, die Zerrissenheit des Menschen und seine Entfremdung, zu überwinden. Die Zerrissenheit zeige sich darin, dass die Einheit des Wirklichen, von Gott und Welt, von Jenseits und Diesseits, von Endlichem und Unendlichem zerbrochen ist. Die Menschen seien gezwungen, »in zweien Welten zu leben, die sich widersprechen«. Deshalb spricht Hegel von den Menschen als »Amphibien«, die in keiner dieser zwei

Welten »ganz« sein können. Mit dieser Zeitdiagnose konnten sich sowohl Rechts- als auch Linkshegelianer einverstanden erklären. Wie wir gesehen haben, stellte Kierkegaard seiner Zeit eine ganz ähnliche Diagnose. Die Unterschiede im Versuch, der Zerrissenheit entgegenzuwirken, werfen ein Licht auf die übergeordnete Thematik in der *Krankheit zum Tode*. Hegel sah zunächst in der Liebe das Potenzial für die Überwindung des Problems; später im metaphysischen Begreifen, dessen Prinzip der absolute Geist und dessen Methode die Dialektik ist. Damit soll die »Erhebung des Endlichen ins Unendliche« vollzogen und also die Zerrissenheit und Entfremdung überwunden werden. Vereinfachend kann man sagen, dass die Rechtshegelianer diesen Einsichten folgten und sie verfeinern wollten. Ganz anders sieht das bei den Linkshegelianern aus. Sie stimmten zwar wie erwähnt mit Hegels Analyse der »Not der Zeit« überein – es ging ihnen aber nicht mehr bloß darum, ihre Zeit zu begreifen: Sie forderten das Praktischwerden der Philosophie und strebten reale Veränderungen an. Die damit einsetzende Kritik an der Metaphysik der Subjektivität schlug nun zwei Richtungen ein: einerseits als politische Ökonomie bei Karl Marx (1818–1883), andererseits im Abstandnehmen von der idealistischen Auffassung des Menschen.

Diese letztere Wende in der Anthropologie lässt sich deutlich bei Ludwig Feuerbach (1804–1872) ausmachen. Er entwickelte in Abgrenzung zum Idealismus eine naturalistische und dialogische Anthropologie. Während Hegel das »Endliche ins Unendliche erheben« will, schlägt Feuerbach den umgekehrten Weg ein: Das Unendliche muss ins Endliche gebracht werden. So fordert er, dass die hegelsche Philosophie einfach negiert werden muss. Nicht der absolute Geist sei die Grundlage des Menschen, sondern umgekehrt der Mensch die Grundlage des absoluten Geistes. Dementsprechend geht es Feuerbach bei der Bestimmung des Menschen nicht darum, herauszufinden, was das allgemeine Wesen des Menschen ist, vielmehr geht es ihm um den konkreten wirklichen

Menschen. Im Gegensatz zu den Vertretern des Idealismus betrachtet Feuerbach den Menschen als endliches, leibliches und welthaftes Individuum: »Der Leib in seiner Totalität ist mein Ich, mein Wesen selber«, kann er deshalb sagen oder etwa: »Der Leib ist die Existenz des Menschen; den Leib nehmen heißt die Existenz nehmen.« Neben diesem naturalistischen Zug gibt es auch einen dialogischen: Als leibliches Naturwesen ist der Mensch auf Anderes angewiesen. Erst im Verhältnis dazu kommt es zu einem Selbstbewusstsein. Das, wodurch ein Individuum schließlich konkret wird, ist der Bezug zu anderen Individuen. »Das wirkliche Ich ist nur das Ich, dem ein Du gegenübersteht und das selbst einem anderen Ich gegenüber Du [...] ist.« Feuerbach bemerkt auch: »Der andere ist für mich Gott [...], für den Liebenden die Geliebte.« Mit diesem dialogischen Zug ist der Blick für die Rolle der Kommunikation bei der Bestimmung des Menschen geöffnet.

Mit vielen der hier zitierten hegelschen und feuerbachschen Aussagen könnte sich Kierkegaard einverstanden erklären. Auch für ihn liegt das Übel der Zeit in der Zerrissenheit des Menschen, im Auseinanderfallen von Gott und Welt, Unendlichkeit und Endlichkeit. Er will aber weder wie Hegel das Endliche ins Unendliche erhoben sehen noch das Unendliche ins Endliche versetzt, so wie Feuerbach vorschlägt. Die Bedeutung, die das Unendliche für Hegel hat, kann Kierkegaard bestimmt würdigen. Aber das Gleiche gilt auch für die Bedeutung, die Feuerbach dem Endlichen zuschreibt. Wie wir bereits gesehen haben, ist für Kierkegaard der Mensch nämlich eine Synthese aus diesen Gegensätzen, die nicht aufgehoben werden können, sondern zu denen er sich verhalten muss, ob er will oder nicht. Im Gegensatz zu Feuerbachs naturalistischer und dialogischer Anthropologie entwickelt Kierkegaard eine, die man als pneumatisch und relational bezeichnen könnte.

Nach dieser knappen philosophiegeschichtlichen Skizzierung der Ausgangssituation für *Die Krankheit zum Tode* können wir einen Blick darauf werfen, wie der Mensch in dieser Schrift bestimmt wird.

Anti-Climacus lässt mit seiner Antwort auf die Frage, was der Mensch ist, nicht lange auf sich warten. Am Anfang des ersten Abschnitts hält er fest: »Der Mensch ist Geist. Aber was ist Geist? Geist ist das Selbst. Aber was ist das Selbst? Das Selbst ist ein Verhältnis, das sich zu sich selbst verhält, oder ist das im Verhältnis, dass das Verhältnis sich zu sich selbst verhält; das Selbst ist nicht das Verhältnis, sondern dass das Verhältnis sich zu sich selbst verhält. Der Mensch ist eine Synthese von Unendlichkeit und Endlichkeit, von dem Zeitlichen und dem Ewigen, von Freiheit und Notwendigkeit, kurz eine Synthese. Eine Synthese ist ein Verhältnis zwischen zweien. Auf die Art betrachtet ist der Mensch noch kein Selbst.«[1]

Die Synthesestruktur wurde bereits ausführlich behandelt. Hier ist daher lediglich noch einmal hervorzuheben, dass das Selbst als Verhältnis betrachtet wird. Schon deshalb kann Kierkegaards Anthropologie als relational bezeichnet werden. Dass das Selbst als Geist bestimmt wird, macht Kierkegaards Anthropologie zu einer pneumatischen. Aber das Verhältnis zwischen Unendlichem und Endlichem, Seelischem und Leiblichem etc. ist noch kein Selbst. Erst indem sich der Mensch darüber hinaus auch dazu verhält, dass er sowohl ein leibliches als auch ein seelisches Wesen ist, ist er laut Anti-Climacus ein Selbst. Zwischen zwei Faktoren besteht ein Verhältnis; wenn man so will, kann man dieses Verhältnis als ein Drittes bezeichnen, obwohl es gewissermaßen nichts ist. Dieses Dritte bezeichnet Anti-Climacus daher direkt im Anschluss an die obige Passage als »negative Einheit«: »Im Verhältnis zwischen zweien ist das Verhältnis das Dritte als negative Einheit, und die zwei verhalten sich zu dem Verhältnis und im Verhältnis zum Verhältnis; so ist zum Beispiel unter der Bestimmung Seele das Verhältnis zwischen Seele und Leib ein Verhältnis. Verhält dagegen das Verhältnis sich zu sich selbst, so ist dies Verhältnis das positive Dritte, und dies ist das Selbst.«[2]

Das Sich-Verhalten zu einem Verhältnis ist aber nicht mehr »nichts«, sondern ist etwas Drittes. Ja, dieses Dritte ist sogar so »aufdringlich«, dass es der Mensch gar nicht loswerden kann, sosehr er sich auch bemühen mag. Man kann beispielsweise versuchen, seinen Leib zu ignorieren, aber auch das ist eine Form des Sich-Verhaltens zum Leib. Hier wird auch deutlich, warum Kierkegaard die oben skizzierten Versuche von Hegel und Feuerbach, die Zerrissenheit des Menschen zu überwinden, ablehnen muss. Der Mensch kann gar nicht umhin, sich zu seinem Menschsein zu verhalten, das laut Anti-Climacus eben darin besteht, sich zu der Synthese aus Unendlichkeit und Endlichkeit zu verhalten; diesen Umstand einfach auf sich beruhen zu lassen ist bereits eine Form, sich dazu zu verhalten. Dies ist auch in den bisher behandelten pseudonymen Schriften betont worden. Neu in der *Krankheit zum Tode* ist, dass das Sich-Verhalten zur Synthese erweitert wird um das Verhältnis, durch das diese Synthese gesetzt wurde: »Ein solches Verhältnis, das sich zu sich selbst verhält, ein Selbst, muss entweder sich selbst gesetzt haben oder durch ein Anderes gesetzt sein. Ist das Verhältnis, das sich zu sich selbst verhält, durch ein Anderes gesetzt, so ist das Verhältnis freilich das Dritte, aber dieses Verhältnis, das Dritte, ist dann doch wiederum ein Verhältnis, verhält sich zu dem, was das ganze Verhältnis gesetzt hat. Ein solch deriviertes Verhältnis ist das Selbst des Menschen, ein Verhältnis, das sich zu sich selbst verhält und, indem es sich zu sich selbst verhält, sich zu etwas Anderem verhält.«[3]

Hinter dieser rein logisch anmutenden Betrachtung steht die Annahme, dass der Mensch sich nicht selbst geschaffen hat. Er findet sich schon immer als leib-seelisches Wesen vor, ohne die Möglichkeit, sich nicht dazu zu verhalten. Das, was er ist, ist er gewissermaßen immer schon. An dieser schlichten Beschreibung ändern auch die später entwickelten Evolutionstheorien oder Emergenztheorien nichts. Außerdem ist das Sich-Vorfinden stets ein sprachlich gedeutetes – und auch die Sprache ist nichts, was sich der Mensch ohne weiteres selbst gibt. Deshalb kann Anti-Climacus, nachdem er die anthropologischen Grundvoraussetzungen in der Synthesestruktur – hier vorerst ohne jeglichen phänomenologischen Befund oder irgendeine Argumentation – angegeben hat, mit der Annahme fortfahren, dass sich dieses Verhältnis nicht selbst etabliert hat. Zum eigentlichen Thema der Schrift kommt er nun, indem er aufzeigt, welche Formen des Missverhältnisses in diesen Relationen möglich sind.

Das Missverhältnis selbst bezeichnet er als Verzweiflung. Damit meint er also ein verfehltes Verhältnis zu sich selbst, d. h. also zu dem Verhältnis, das sich zur Synthese verhält. Und da das Sich-zu-sich-Verhalten auch ein Verhalten zu jener Macht beinhaltet, die das Ganze gesetzt hat, manifestiert sich das Missverhältnis auch im Verhalten zu dieser Macht. Weil das Selbst sich nicht selbst gesetzt hat, meint Anti-Climacus, dass es zwei eigentliche Formen des Missverhältnisses gibt. Die Formel für das verfehlte Selbstverhältnis, mithin für die Verzweiflung, lautet nämlich: verzweifelt man selbst sein wollen oder verzweifelt nicht man selbst sein wollen.[4] Beide Formen sind aufeinander zurückführbar. Letztendlich will nämlich der Mensch, der nicht er selbst sein will, jemand anderes sein. Umgekehrt gilt, dass derjenige, der er selbst sein will, sich selbst so, wie er ist, nicht will. Die eine Form wird als Verzweiflung der Schwäche, die andere als die des Trotzes bezeichnet. Charakteristisch für die Ver*zwei*flung ist also der *Zwie*spalt, der im Wollen und Doch-nicht-Wollen liegt.

Vermutlich rekurriert Kierkegaard mit dem Ausdruck »Verzweiflung« auf den Jakobusbrief des Neuen Testaments. Er scheint mit »verzweifelt« das griechische *dipsychos* (eigentlich »mit zwei Seelen«) wiederzugeben. Im Jakobusbrief 4,8 heißt es: »Haltet euch nah an Gott, dann wird er sich nah an euch halten! Reinigt die Hände, ihr Sünder, und läutert eure Herzen, ihr Zwiespältigen.« Deutlich wird der begriffliche Zusammenhang in der Schrift *Erbauliche Reden in verschiedenem Geist* von 1847. In der Rede mit dem Titel »Die Reinheit des Herzens ist es, Eines zu wollen« schreibt Kierkegaard:

»[...] oder ist Verzweiflung nicht gerade Zwiespältigkeit; was ist denn verzweifeln anderes als zwei Willen zu haben! [...] jeder Verzweifelte hat zwei Willen, einen, dem er vergeblich ganz folgen will, und einen, den er vergeblich ganz los sein will.«[5] Das hier verwendete dänische Wort *tvesindet* (etwa »zwiegesinnt«) gibt den griechischen Ausdruck *dipsychos* sehr treffend wieder. Es wird von Kierkegaard häufig unter Anspielung auf das Bibelwort vom Reich, das in sich gespalten ist, mit Unbeständigkeit in Verbindung gebracht, ganz so wie im Jakobusbrief. Für Kierkegaard hat der Verzweifelte zwei Willen und hat deswegen vielleicht Bestand, aber keine Beständigkeit.

Die Verzweiflung wird als Krankheit zum Tode bezeichnet, als »dieser qualvolle Widerspruch, diese Krankheit im Selbst, ewig zu sterben und doch nicht zu sterben, den Tod zu sterben. Denn sterben bedeutet, dass es vorüber ist, aber den Tod sterben bedeutet, das Sterben zu erleben [...]. Würde ein Mensch an Verzweiflung sterben, so wie man an einer Krankheit stirbt, dann müsste das Ewige in ihm, das Selbst, sterben können im selben Sinn, in dem der Leib an der Krankheit stirbt. Aber dies ist eine Unmöglichkeit; das Sterben der Verzweiflung setzt sich ständig um in ein Leben.«[6]

Anti-Climacus scheint hier einen Zustand zu beschreiben, der als Seelenverlust oder als psychische Dissoziation bezeichnet wurde und der häufig nach traumatischen Ereignissen festgestellt wird. Obwohl physisch alles in Ordnung ist, wird das Dasein des betroffenen Menschen zu einem unlebbaren Leben; obwohl der Mensch vielleicht alles hat, fehlt ihm doch das Ganze. Der Verzweifelte ist ein Untoter, ein Zombie.

Trotz der dramatischen Beschreibung meint Anti-Climacus, dass die Verzweiflung eine überaus weit verbreitete Erscheinung sei. Es gebe keinen einzigen Menschen, der nicht zumindest ein bisschen verzweifelt ist, der nicht tief im Innersten eine Unruhe, eine Disharmonie, eine Angst vor einer Daseinsmöglichkeit oder eine Angst vor sich selbst hat, mit der Bekanntschaft zu machen er sich wohl hütet. Am häufigsten sei überhaupt die uneigentliche Verzweiflung, nämlich die, gar nicht darauf aufmerksam zu sein, dass man ein ewiges Selbst hat, dass man als Geist bestimmt ist. So schreibt Anti-Climacus vom Verzweifelten, er könne »scheinbar doch recht gut als Mensch dahinleben, sich mit dem Zeitlichen beschäftigen, heiraten, Kinder zeugen, geehrt und angesehen sein – und man merkt es vielleicht nicht, dass ihm im tieferen Sinn ein Selbst fehlt. Von dergleichen macht man in der Welt nicht viel Aufhebens, denn nach einem Selbst wird in der Welt am wenigsten gefragt, und das Allergefährlichste ist, sich anmerken zu lassen, dass man eins hat. Die wirklich größte Gefahr, sich selbst zu verlieren, kann in der Welt so still abgehen, als sei es nichts. Kein Verlust kann so still abgehen, jeden anderen, einen Arm, ein Bein, fünf Reichstaler, ein Weib usw. verlieren, merkt man wenigstens.«[7]

Das Problem ist natürlich, dass die Einsicht in die Verzweiflung, also deren Erkenntnis, auch eine Frage des Willens ist. Und gerade der Wille ist der Kern der Verzweiflung: wollen und nicht wollen. Etwas wollen impliziert ja bereits ein Nicht-Haben. Der Wille richtet sich auf ein Objekt, das dem wollenden Subjekt irgendwie gegenübersteht. Deshalb schreibt der Wille die Zerrissenheit des Menschen bloß fort. Die eigene Verzweiflung nicht erkennen wollen schützt also keineswegs vor ihr. Deshalb kann Anti-Climacus auch sagen, dass die Verzweiflung dem Begriff nach immer bewusst ist. Das schließt nicht aus, dass man versucht, sie vor sich selbst verborgen zu halten.

In diesen Passagen legt Anti-Climacus nicht nur begrifflich fest, wie der Mensch beschaffen ist, sondern skizziert auch die Erscheinungsformen der Verzweiflung. Zum einen differenziert er die Formen der Verzweiflung danach, wie sich der Verzweifelte zu den einzelnen Strukturelementen der Synthese verhält. Zum anderen betrachtet er diese Phänomene unter dem Gesichtspunkt des Bewusstseinsgrades: von der erwähnten uneigentlichen Verzweiflung bis hin zur potenziertesten ihrer Formen. Seine Vorgehensweise erinnert sehr stark an Hegels Phänomenologie. Man könnte *Die Krankheit zum Tode* insofern als eine Phänomenologie des kranken Geistes bezeichnen.

Anti-Climacus geht nun die Elementpaare der Synthese durch und unterscheidet dabei zwischen dem Worüber der Verzweiflung und ihrem Woran. Die Verzweiflung der Endlichkeit etwa verzweifelt über irgendein endliches Ereignis oder irgendeinen Verlust; woran sie aber verzweifelt, ist die Unendlichkeit. Diese Unterscheidung markiert also einerseits den deskriptiven, andererseits den diagnostischen Aspekt. Man kann auch sagen, dass das eine der Anlass, das andere der Grund der Verzweiflung ist, wobei der Grund gleichzeitig angibt, wo die Lösung gesucht werden muss. Was das Begriffspaar Möglichkeit – Notwendigkeit betrifft, schreibt Anti-Climacus zusammenfassend: »Denn mit der Kühnheit der Verzweiflung schwingt sich derjenige auf, der sich in die Möglichkeit verirrte; niedergedrückt in Verzweiflung verhebt sich derjenige am Dasein, dem alles notwendig wurde: aber geistlos triumphiert die Spießbürgerlichkeit.«[8]

Wiederholt weist Anti-Climacus darauf hin, dass etwas Äußeres nie daran schuld sein kann, wenn sich ein Mensch der Verzweiflung überlässt; immer ist es der Mensch selbst, der sozusagen beschließt zu verzweifeln. Und stets ist der Anlass dialektisch auf den Grund der Verzweiflung bezogen. Daher besteht die Verzweiflung der Endlichkeit im Mangel an Unendlichkeit. Der Mangel an Unendlichkeit ist Begrenztheit, Borniertheit. Von ihr sagt Anti-Climacus:

»Die verzweifelte Borniertheit ist Mangel an Primitivität bzw. liegt darin, dass man sich seiner Primitivität beraubt, sich selbst im geistigen Sinn entmannt hat. Jeder Mensch ist nämlich primitiv angelegt, als ein Selbst, dazu bestimmt, man selbst zu werden; gewiss, jedes Selbst als solches ist kantig, aber daraus folgt nur, dass es zugeschliffen, nicht dass es abgeschliffen werden soll, nicht dass es aus Menschenfurcht ganz aufgeben soll, es selbst zu sein, oder gar aus bloßer Menschenfurcht nicht wagen sollte, es selbst zu sein in seiner wesentlichen Zufälligkeit (die eben gerade nicht abgeschliffen werden soll), in der man doch man selbst für sich selbst ist. Während man sich in einer Art von Verzweiflung im Unendlichen verirrt und selbst verliert, lässt man sich in einer anderen Art von Verzweiflung sein Selbst gleichsam von ›den anderen‹ ablisten. Wenn ein solcher Mensch viele andere um sich sieht und in allerlei weltliche Anliegen verwickelt wird, wenn er auf kluge Weise herausfindet, wie es in der Welt zugeht, dann vergisst er sich selbst, wie er, göttlich verstanden, heißt, er wagt es nicht, an sich selbst zu glauben, findet es zu verwegen, er selbst zu sein, sondern findet es viel leichter und sicherer, wie die anderen zu sein, eine Nachäffung, eine Nummer in der Menge zu sein.«[9]

Diese Passage macht deutlich, dass äußere Umstände ein Verzweifeln niemals rechtfertigen können. Damit wird auf die Eigentätigkeit des Selbst gerade auch in der Verzweiflung verwiesen. Der Mensch beraubt sich selbst seiner – vielleicht als etwas sperrig empfundenen – Primitivität. An anderen Stellen bezeichnet Kierkegaard diese Primitivität auch als Ursprünglichkeit.[10] Anstatt diese zu kultivieren und zu pflegen, zieht er es also laut Anti-Climacus vor, sich selbst zu verstümmeln. Die Verstümmelung besteht darin, dass der Mensch es wegen »der anderen« oder infolge einer falschen Einschätzung seiner selbst und der Wirklichkeit nicht wagt, er selbst zu sein. Primitivität bedeutet hier ursprüngliche Bestimmung, die es zu verwirklichen gilt. Wenn es diese Ursprünglichkeit, diese Primitivität im Menschen nicht gäbe, könnte das Selbst sich überhaupt nicht verfehlen. Es würde ganz einfach der Maßstab zur Beurteilung des Gelingens oder Misslingens fehlen. Ursprünglichkeit meint genau das, was Anti-Climacus in der eingangs angeführten Passage als »das durch das Andere gesetzte Selbst« bezeichnet. Damit kommen wir zum zweiten Teil der *Krankheit zum Tode*. Hier wird die Verzweiflung neu qualifiziert, indem festgehalten wird, dass dieses »Andere«, welches das Selbst gesetzt hat, Gott ist. Damit bekommt die Formulierung der Verzweiflung eine etwas andere Form. Verzweiflung ist die Sünde; d. h., vor Gott verzweifelt nicht man selbst sein wollen oder verzweifelt man selbst sein wollen.[11] Was steckt hinter diesen hoffnungslos antiquiert anmutenden Ausdrücken? Anti-Climacus sucht einen Maßstab für das Selbst, und der ist stets: »was das ist, demgegenüber es ein Selbst ist«[12]. »Ein Viehhirt«, so Anti-Climacus, »der (wenn dies möglich wäre) Kühen gegenüber ein Selbst ist, ist ein sehr niedriges Selbst; ein Herrscher, welcher Knechten gegenüber ein Selbst ist, desgleichen und eigentlich kein Selbst – denn in beiden Fällen fehlt es am Maßstab.«[13] Es mag durchaus sein, dass Anti-Climacus hier das Problem der Anerkennung in der dialektischen Beziehung zwischen Herr und Knecht bei Hegel im Auge hat. Gleichzeitig zeigt diese Stelle auch, wie sich die pneumatische und relationale Anthropologie von Feuerbachs erwähnter naturalistischer und dialogischer unterscheidet. Wichtiger aber ist etwas anderes. Bei Kierkegaard hat Sünde (also auch Verzweiflung) nichts mit Moral oder anderen ethischen Erwägungen zu tun. Sünde betrifft den Menschen nur in seinem Gottesverhältnis, mithin in seinem Gewissen. Das Gewissen ist bei Kierkegaard wörtlich als Mit-Wissen zu verstehen: Nur wenn der Mensch und Gott um etwas als Sünde wissen, dann ist es auch Sünde. Weiß einer der beiden nichts davon, handelt es sich nicht um Sünde. Das bedeutet, dass das Selbstverhältnis des Menschen nicht der oben erwähnten Menschenfurcht unterworfen ist, weil der Maßstab des Selbst in der Relation »vor Gott« liegt.

So viel zum Maßstab des Selbst. An dieser Stelle noch ein Wort zur Bestimmung der Verzweiflung als Sünde. Es wurde bereits auf die Eigentätigkeit auch im Verzweifeln hingewiesen und wie sich diese zur Ursprünglichkeit verhält: nämlich als Selbstverstümmelung. Bei Kierkegaard hat Sünde häufig die Bedeutung von Selbstrestriktion. Damit ist gemeint, dass der Mensch »in seiner Engherzigkeit sich nicht das Außerordentliche, das Gott ihm zugedacht hat, zu gönnen vermag«[14].

Deshalb kann Anti-Climacus auch als Gegensatz zur Verzweiflung die Formel aufstellen: »[…] indem es sich zu sich selbst verhält und indem es es selbst sein will, gründet das Selbst durchsichtig in der Macht, die es gesetzt hat. Eine Formel, die wiederum, woran des Öfteren erinnert wurde, die Definition für den Glauben ist.«[15]

Da für Kierkegaard, nicht nur für Anti-Climacus, diese Selbsttransparenz nur durch die Rückkehr – durch die Selbstrestriktion hindurch – zum Ursprünglichen erreicht wird, können wir hier kurz festhalten: Das Selbst ist die Wiederholung des Ursprünglichen. Mit dieser Formulierung greifen wir in gewisser Weise bereits über die Thematik der *Krankheit zum Tode* hinaus, und zwar einerseits auf die Darstellung der Wiederholung in *Furcht und Zittern*, andererseits auf die Bestimmung dessen, was wirkliches Menschsein ist, in einigen erbaulichen Reden.

Angst und Vergebung

Der Begriff Angst. Eine schlichte psychologisch-andeutende Überlegung in Richtung auf das dogmatische Problem der Erbsünde – so der keineswegs schlichte Titel einer Schrift, die im Juni 1844 unter dem Pseudonym Vigilius Haufniensis erschien. Sie ist unter allen Arbeiten Kierkegaards diejenige, die den akademischsten Charakter aufweist, die Dissertation *Über den Begriff der Ironie* nicht ausgenommen. Vielleicht war sie ursprünglich als akademische Qualifikation gedacht. Während nämlich die übrigen Bücher in einer Auflagenhöhe von meist 500 oder 525 Exemplaren gedruckt wurden, waren es beim *Begriff Angst* lediglich 250. Eine Neuauflage wurde erst im letzten Lebensjahr Kierkegaards erforderlich. Die Abhandlung strotzt vor Gelehrsamkeit und kleineren intellektuellen Scharmützeln. Der Titel besagt schon, dass es um die Angst geht. Vigilius Haufniensis – der schmerzwache Kopenhagener – betrachtet diese stets im Zusammenhang mit der Erbsünde und der Sünde. Tatsächlich weist er alle traditionellen Vorstellungen von der Erbsünde und damit verwandten Konzepten zurück, oder vorsichtiger ausgedrückt: er reformuliert sie – fast bis zur Unkenntlichkeit. Das gilt auch für Haufniensis' Behandlung der Sünde. Wenn sie nämlich als Selbstrestriktion oder Selbstverstümmelung aufgefasst wird, stellt sich die Frage, warum denn der Mensch vor einem erfüllten Leben, vor seinem wirklichen Menschsein zurückschreckt. Warum vermag sich der Mensch »in seiner Engherzigkeit das Außerordentliche, das Gott ihm zugedacht hat, nicht zu gönnen«? Haufniensis hält mehrfach fest, dass er das auch nicht erklären kann, ja dass keine Wissenschaft es erklären könne. Aber er bemüht sich, jenen Zustand zu beschreiben, aus dem dann die Sünde »mit der Plötzlichkeit des Rätselhaften« hervorbricht.

Er entwirft eine Art »Entwicklungspsychologie« der Angst, nicht nur für das Individuum, sondern für das ganze Menschengeschlecht, die er nicht ohne Pathos und Blick auf die rhetorische Wirkung vorträgt. Er beginnt mit der »Kindheit« sowohl des Individuums wie des Menschengeschlechts: »Die Unschuld ist Unwissenheit. In der Unschuld ist der Mensch nicht als Geist bestimmt, sondern seelisch bestimmt in unmittelbarer Einheit mit seiner Natürlichkeit. Der Geist ist träumend im Menschen [...]. In diesem Zustand ist Friede und Ruhe; aber da ist zugleich noch etwas anderes, was nicht Unfriede und Streit ist; denn es ist ja nichts da, um damit zu streiten. Was ist es denn? Nichts. Aber welche Wirkung hat Nichts? Es gebiert Angst. Das ist das tiefe Geheimnis der Unschuld, dass sie zugleich Angst ist. Träumend projiziert der Geist seine eigene Wirklichkeit, aber diese Wirklichkeit ist Nichts, dieses Nichts aber sieht die Unschuld ständig außerhalb ihrer selbst.«[1]
Wir sind schon früher darauf gestoßen, dass der Mensch für Kierkegaard als Geist bzw. als Selbst angelegt ist. Dieses Potenzial gilt es zu verwirklichen. Immer wieder weist Haufniensis darauf hin, dass die Verwirklichung dieses Potenzials nur in Freiheit geschehen kann, ja selbst Freiheit ist. Auf eine unergründliche Art und Weise ist dem Menschen seine erfüllte eigene Wirklichkeit präsent. Das scheint Haufniensis mit den Ausdrücken »der Geist ist träumend im Menschen« und »träumend projiziert der Geist seine eigene Wirklichkeit« zu meinen. Insofern diese Wirklichkeit aber noch nicht verwirklicht ist, ist sie eben nichts oder anders gesagt: eine Möglichkeit. Hierauf stützt Haufniensis seine inzwischen gängig gewordene Unterscheidung zwischen Furcht und Angst. Furcht beziehe sich auf etwas Bestimmtes, während sich die Angst auf etwas Unbestimmtes richte, das gewissermaßen nichts ist. Knapp formuliert er: »Angst ist die Wirklichkeit der Freiheit als Möglichkeit für die Möglichkeit.«[2] Die Angst ist demnach ein Zeichen dafür, dass der Mensch nicht einem Schicksal unterworfen, von Erbe und sozialem Umfeld oder

irgendwelchen anderen Notwendigkeiten determiniert ist, sondern dass er sich in Freiheit zu sich selbst verhalten kann. Haufniensis stellt einen Vergleich an, der diese Deutung zu bestätigen scheint: »Angst kann man mit Schwindel vergleichen. Wenn jemand in eine gähnende Tiefe hinabschaut, wird ihm schwindlig. Aber was ist der Grund? Es ist ebenso sehr sein Auge wie der Abgrund; denn was, wenn er nicht hinabgeschaut hätte? So ist die Angst der Schwindel der Freiheit, der aufkommt, wenn der Geist die Synthese setzen will und die Freiheit nun in ihre eigene Möglichkeit hinabschaut und dann die Endlichkeit ergreift, um sich daran festzuhalten. In diesem Schwindel sinkt die Freiheit nieder.«[3]

Erneut wird hier auf die Bestimmung des Menschen als Synthese rekurriert. Diesmal im Zusammenhang mit der Angst, die ja das Präsenthalten der Möglichkeit bezeichnet. Das Hinsinken der Freiheit bezeichnet hier eben die Selbstrestriktion, mithin die Sünde. Im vierten Kapitel (§ 2) macht Haufniensis den Zusammenhang von Sünde und Selbstrestriktion noch deutlicher. Er behandelt dort die Sünde als Angst vor dem Guten und bezeichnet diese Angst vor dem Guten als das Dämonische. Das Dämonische wird charakterisiert durch ein Sich-selbst-Einschließen, durch einen Abbruch der befreienden Kommunikation. Aber unfreiwillig birgt auch diese Form der Selbstverstümmelung ein Bewusstsein von der eigenen Freiheit, von einem wirklichen Menschsein, während die Angst das Sich-Öffnen verhindert und, zwiespältig wie sie ist, dennoch diese Möglichkeit präsent hält.

Da der Mensch bei Kierkegaard als eine Synthese des Zeitlichen und des Ewigen verstanden wird, kann sich die Selbstrestriktion auch in seinem Verhältnis zur Zeit manifestieren. Die »Schnittstelle« von Zeitlichem und Ewigem wird als Augenblick bezeichnet. Erst wenn das Zeitliche und das Ewige einander in der Synthese berühren, spricht Kierkegaard von Zukunft, Gegenwart und Vergangenheit. Im Augenblick fallen diese drei Zeitformen zusammen. Das zeigt schon, dass für Kierkegaard die Zeit nicht bloß ein physikalisches Faktum ist. Der Mensch kann nicht in der Zeit sein, wie er z. B. in einer Badewanne sein kann. Er verhält sich zugleich zu dieser seiner Zeitlichkeit, da er ein Wesen ist, das sich in allen seinen Verhältnissen selbst definiert. Sie gibt ihm die Möglichkeit der Veränderung, und auch dazu muss er sich verhalten. Er kann beispielsweise um seine Zukunft besorgt sein. Er kann sich aber auch selbst unfrei im Verhältnis zu seiner Vergangenheit machen. Beides wirkt auf seine Gegenwart zurück, wie im nächsten Kapitel noch näher erläutert wird. Hier soll lediglich das Verhältnis zu einer verfehlten Vergangenheit berührt werden. In diesem Verhältnis kann sich nämlich auch die Angst vor dem Guten zeigen, die in einer Selbstberaubung der Freiheit gründet und also als dämonisch bezeichnet werden kann.

In *Furcht und Zittern* haben wir gesehen, wie für Abraham die Wiederholung gelingt. Abraham stand ja durch Gottes Weisung außerhalb des Allgemeinen. Johannes de silentio skizziert in seiner Schrift jedoch auch eine Gestalt, einen Wassermann, die sich selbst außerhalb des Allgemeinen stellt oder vielmehr gestellt hat. Jetzt gilt es für ihn, sich in den Konsequenzen einer verfehlten Vergangenheit nicht zu verstricken. Johannes de silentio greift in diesem Kontext auf eine alte Volkssage zurück. Die Stelle ist es wert, in ihrer Gänze wiedergegeben zu werden, da sich darin Kierkegaards narrative Kraft zeigt:

»Nun will ich eine Skizze folgen lassen in Richtung auf das Dämonische. Hierzu kann ich die Sage von *Agnete und dem Wassermann* gebrauchen. Der Wassermann ist ein Verführer, er schießt herauf aus seinem Versteck am Abgrund, in wilder Lust greift und bricht er die unschuldige Blume, die in all ihrer Anmut am Strand stand und gedankenvoll ihr Haupt gegen das Brausen des Meeres neigte. So haben es die Dichter bisher verstanden. Lass uns nun eine Änderung vornehmen. Der Wassermann *war* ein Verführer. Er hat Agnete gerufen, er hat durch seine Schmeichelreden ihr Verborgenstes hervorgelockt, sie hat im Wassermann gefunden, was sie suchte, worauf sie hinabstarrte auf des Meeres Grund. Agnete will ihm folgen. Der Wassermann hat sie auf seinen Arm genommen, Agnete schlingt ihre Arme um seinen Hals; sie gibt sich vertrauensvoll und mit ganzer Seele dem Stärkeren hin; er steht bereits am Strand, er beugt sich über das Meer hinaus, um sich mit seiner Beute hinabzustürzen – da sieht Agnete noch einmal auf ihn, nicht furchtsam, nicht zweifelnd, nicht stolz über ihr Glück, nicht berauscht vor Lust; sondern absolut vertrauend, aber absolut demütig als die schlichte Blume, die sie sich selbst zu sein dünkte, absolut vertrauensvoll vertraut sie ihm mit diesem Blick ihr ganzes Schicksal an. – Und siehe! Das Meer braust nicht mehr, seine wilde Stimme verstummt, die Leidenschaft der Natur, die Stärke des Wassermanns, lässt ihn im Stich, eine Windstille tritt ein – und noch einmal sieht Agnete ihn so an. Da sinkt der Wassermann zusammen, er kann der Macht der Unschuld nicht widerstehen, sein Element wird ihm untreu, er kann Agnete nicht verführen. Er führt sie wieder heim, er erklärt ihr, dass er ihr bloß zeigen wollte, wie schön das Meer sei, wenn es still daliegt, und Agnete glaubt ihm. – Einsam kehrt er zurück, und das Meer stürmt, aber die Wogen seiner Verzweiflung schlagen noch höher. Er kann Agnete verführen, er kann hunderte Agneten verführen, er kann jedes Mädchen betören – aber Agnete hat gesiegt und der Wassermann hat sie verloren. Nur als Beute kann sie sein werden; in Treue kann er keinem Mädchen angehören; denn er ist ja nur ein Wassermann.

Ich habe mir eine kleine Änderung erlaubt mit dem Wassermann, im Grunde habe ich auch Agnete etwas verändert; denn in der Sage ist Agnete nicht ganz ohne Schuld, wie es überhaupt Nonsens und eine Beleidigung des weiblichen Geschlechts ist, sich eine Verführung zu denken, in der das Mädchen ganz und gar keine, keine, keine Schuld hat. Agnete ist in der Sage – ich werde meinen Ausdruck ein wenig modernisieren – eine Frau, die das Interessante sucht, und eine solche kann allezeit sicher sein, dass ein Wassermann in der Nähe ist; denn dergleichen entdecken die Wassermänner mit halbem Auge und steuern darauf zu wie der Hai auf seine Beute. Es ist deshalb eine sehr dumme Annahme, oder vielleicht ist es auch ein Gerücht, das ein Wassermann verbreiten ließ, dass die so genannte Bildung ein Mädchen gegen Verführung schützt. Nein, das Dasein ist gerechter

und einsichtiger, da gibt es nur ein einziges Mittel, und das ist die Unschuld.
Wir wollen nun dem Wassermann ein menschliches Bewusstsein geben und dies, dass er Wassermann ist, eine menschliche Präexistenz bezeichnen lassen, in deren Konsequenzen sein Leben verstrickt war. Es hindert nichts daran, dass er ein Held werden kann; denn der Schritt, den er jetzt macht, ist versöhnend. Er ist erlöst durch Agnete, der Verführer ist vernichtet, er hat sich der Macht der Unschuld gebeugt, er kann niemals mehr verführen. Aber im selben Augenblick streiten zwei Mächte um ihn: einerseits die Reue und andererseits Agnete und die Reue. Ergreift die Reue allein ihn, dann ist er verborgen, ergreifen Agnete und die Reue ihn, dann ist er offenbar.«[4]

Der Wassermann ist also unfrei im Verhältnis zu seiner Geschichte, er ist in ihren Konsequenzen verstrickt. Deswegen fällt es ihm schwer, das Gute, das ihm von Agnete angeboten wird, anzunehmen. Diese Verstrickung in seine verfehlte Vergangenheit hält ihn aber auch davon ab, seine Gegenwart als gute Möglichkeit zu betrachten. Er muss die schwierigste aller Künste üben, nämlich die, sich selbst zu vergeben und seine eigene Geschichte neu zu erzählen. Oder genauer, er muss eigentlich nur eine alte Geschichte für sich neu erzählen, damit er darin seine Identität finden kann.

Die Aufgabe des Menschen

Für Kierkegaard ist wirkliches Menschsein: in beständiger Freude zu sein. So weit Konklusion und Endergebnis dieses Kapitels. Sofern Kierkegaard Recht hat, wenn er sagt: »Der Anfang ist nicht das, womit man beginnt, sondern das, wohin man gelangt, und man gelangt rückwärts dahin«[1], dann mag auch gelten, dass die Konklusion bzw. das Ergebnis nicht etwas ist, wohin man gelangt, sondern womit man anfängt. Kierkegaard selbst gelangt, zumindest was die durchdachte Formulierung betrifft, spät zu diesem Ergebnis. Zeitgleich mit der zweiten Auflage von *Entweder – Oder* und in mancherlei Hinsicht parallel zur etwas später erscheinenden *Krankheit zum Tode* erschienen im Mai 1849 drei Reden unter dem Titel *Die Lilie auf dem Felde und der Vogel unter dem Himmel*. Auf den 5. Mai datiert, sind sie vielleicht nicht nur als eigenes Geburtstagsgeschenk zu betrachten, sondern haben Kierkegaard selbst als Leser seiner eigenen Schrift im Blick. Die drei Reden nehmen ihren Ausgangspunkt bei einer Stelle des Neuen Testamentes, nämlich Matthäus 6,24 ff. Es geht hier um die Lilien und die Vögel, die, unbesorgt um den kommenden Tag, herrlicher sind als selbst Salomo in all seiner Pracht. Kierkegaard nennt diese Passage in seinen Journalen »mein liebes Evangelium«, und tatsächlich nimmt sie, zusammen mit dem Brief des Jakobus, den er »meinen lieben Text« nennt, eine zentrale Rolle im Spätwerk Kierkegaards ein.

In schlichten Worten macht er gleich eingangs deutlich, worum es in den drei Reden geht: darum, was es ist, ein Mensch zu sein, dass dies vergessen werden kann, und zwar besonders in Gesellschaft anderer Menschen, dass es eine Forderung gibt, ein Mensch zu sein, und schließlich, dass man es – wenn man es vergessen hat – wieder lernen kann,

Schritt für Schritt, durch Schweigen, Gehorsam und Freude. Anfangs mag es sonderbar erscheinen, dass man vergessen kann, was es ist, ein Mensch zu sein. Man könnte von jedem erwarten, dies zu wissen. Man könnte meinen, dass man damit anfängt, ein Mensch zu sein, und dann weitergeht, sich entwickelt. Das tut man denn auch, aber nur wenn man »sich ent-wickeln« buchstäblich versteht, denn wie bereits erläutert meint Kierkegaard, dass man nicht mit dem Anfang beginnt, sondern dass man rückwärts dahin gelangt anzufangen. Die Menschwerdung des Menschen steht somit noch aus. Um herauszufinden, was charakteristisch für das Menschsein ist, nimmt er seinen Ausgangspunkt in einer traditionellen Auffassung: »Denn freilich ist es die Rede, die den Menschen vor dem Tier auszeichnet, und das ja, wenn man so will, bei weitem vor der Lilie.«[2] Dies bezieht sich zum einen auf Aristoteles' Bestimmung des Menschen als *Zoon logon echon*, also als Wesen, das den Logos, die Sprache/die Rede hat. Zum anderen auf dessen Auffassung der Seele als dreiteilige, hierarchisch strukturierte, wie dies in *De anima* zum Ausdruck gebracht ist. Es geht also um eine Frage der philosophischen Anthropologie, die in einer Tradition steht, die sich zumindest bis zu Aristoteles zurückverfolgen lässt.

Ein Aspekt der erwähnten aristotelischen Bestimmung des Menschen lässt sich freilich noch weiter zurückverfolgen. In der frühen und klassischen Antike wird der Mensch als etwas verstanden, was an der Bestimmung des Göttlichen gewonnen wird. Der Mensch wird als der Sterbliche (griech. *brotós, thnetós*) bezeichnet, und dies bestimmt ihn im Gegensatz zu den unsterblichen Göttern (griech. *athánatoi*). Für Platon stellt das Göttliche das Maß der Dinge dar, so auch des Menschen. Sein Zeitgenosse Isokrates (436–338 v. Chr.) aber, Schüler des Gorgias (ca. 485–380 v. Chr.) und selbst ein berühmter Rhetoriker, verweist auf den Unterschied zwischen Mensch und Tier: den Gebrauch der Sprache. An die Athener gewandt schreibt er: »[...] denn ihr zeichnet euch aus vor allen anderen, wodurch sich der Mensch vor dem Tier und der Grieche vor dem Barbaren auszeichnet, daß ihr besser gebildet seid zum Denken und zum Reden.«[3] In dieser kurzen Passage wird auch deutlich, dass sich der Logos (Sprache/Rede) hier nicht lediglich als philosophischer Begriff ausweist: Der berühmte Rhetoriker Isokrates grenzt damit selbstgefällig den Menschen vom Tier, den Griechen vom unverständlich Redenden (= Barbar), den gebildeten Redenschreiber vom Ungebildeten ab. Kein Wunder, dass es gerade Rhetoren sind, die die so gewonnene Bestimmung des Menschen überliefern.

Der leise Vorbehalt, den die Worte »freilich« und »wenn man so will« im Kierkegaard-Zitat gegen eine Bestimmung des Menschen ankündigen, die sich auf derartige Differenzen stützt, ist für seine Haltung nicht weiter verwunderlich. Nur zu gut weiß er, dass diese Differenzen und »der unruhige Gedanke des Vergleichens« bei der Auffindung dessen, was es ist, ein Mensch zu sein, mit der »Menschenfurcht« (der Furcht vor den anderen Menschen) enden: Sie liefern den Einzelnen dem zuweilen gnadenlos wägenden und urteilenden Blick der anderen aus. Nicht die Sprache also sei es, die den Menschen menschlich macht, sondern das Schweigen: »Der Anfang ist die Kunst, schweigsam zu *werden*; denn schweigsam zu sein, wie die Natur es ist, ist keine Kunst. Und dieses Im-tiefsten-Sinne-schweigsam-Werden, schweigsam direkt Gott gegenüber, das ist der Anfang der Gottesfurcht, denn so, wie die Gottesfurcht der Anfang der Weisheit ist, so ist Schweigen der Anfang der Gottesfurcht.«[4]

Man könnte meinen, dass die Gottesfurcht den Menschen hemmt, aber Kierkegaard gibt zu bedenken, dass sie ihn von der Menschenfurcht erlösen kann, denn sie befreit davon, sich selbst mit dem Blick der anderen zu sehen. Schweigen, ja sogar Gottesfurcht ist der Anfang, aber Freude ist das Ziel des Menschseins. Was passiert nun zwischen Anfang und Endziel? Der Tod tritt dazwischen, die Zeitlichkeit mit ihren Veränderungen und Leiden. Um wahrhaft froh zu werden, hat der Mensch einige Schwierigkeiten zu bewältigen. Sie liegen teilweise darin, dass er sich einerseits in der Zeit, in Zeitlichkeit und Geschichte, vorfindet und andererseits weiß, dass er erledigt und verloren ist, wenn er sich von der Zeitlichkeit und ihren Veränderungen erschöpfen lässt. Obwohl er an der Ewigkeit teilhat, ist der Mensch der Zeitlichkeit unterworfen, die ihn verändert – ihn vielleicht über alle Kenntlichkeit hinaus entstellt – und ihn jedenfalls schließlich, so wie er sich kennt, hinwegfegen wird. Um angesichts von Katastrophen, von Leiden und Tod wahrhaftig Mensch zu sein, ist es nötig, man »selbst zu sein« und »sich selbst zu bewahren«[5], wie Kierkegaard seine Bestimmung des Menschen formuliert, die sich deutlich von den erwähnten traditionellen absetzt.

Die Formulierung »sich selbst bewahren« weist schon darauf hin, dass wir es hier mit der Zeitlichkeit zu tun haben. Wie oben bereits ausgeführt, gliedert sich für Kierkegaard Zeitlichkeit, gekennzeichnet durch Veränderung, in Zukunft, Vergangenheit und Gegenwart. Veränderung ist jedoch nur erfahr- und denkbar vor dem Hintergrund von etwas, was sich selbst immer gleich bleibt, also der Ewigkeit. Das Zusammenfallen all dieser Bestimmungen der Zeit bezeichnet Kierkegaard als Augenblick.

Es wurde bereits darauf aufmerksam gemacht, dass Kierkegaard aus verschiedenen Gründen sein Hauptaugenmerk auf die Zukunft legt. In den drei Reden wird sogleich festgehalten, dass der Vogel weiß, oder vielmehr glaubt, alles geschehe zu seiner Zeit. Und da es ihm nicht zukommt, »die Stunde und den Tag zu kennen«, schweigt er. Das ermöglicht es ihm – ungestört von der Sorge um die Zukunft –, den Augenblick spontan zu ergreifen. Die Haltung, für die das Schweigen also Ausdruck ist, ist eine, die sich auf zukünftige Ereignisse bezieht, auch wenn sie sich nicht in einer unbekümmerten Erwartung der Zukunft erschöpft. Sie wirkt nämlich im Verhältnis zur Zukunft auf die gegenwärtige Zeit zurück. »Nur dadurch, dass man schweigt, trifft man den Augenblick; indem man redet, sagt man auch nur ein Wort, verpasst man den Augenblick; nur im Schweigen *ist* der Augenblick.«[6]

Warum können Lilie und Vogel nicht *wissen*, dass alles zu seiner Zeit geschieht? Vermutlich, weil es kein endliches Ereignis gibt, das ihnen das bestätigen würde. Ganz gleich, was sich auch ereignen mag – es ist ein anderes Ereignis denkbar, das für Lilie und Vogel noch besser wäre oder aber schlechter. Und das gilt insbesondere für das eigentliche Problem »der Lilie und des Vogels«: Eine bedrohliche Zukunft wirft ihren Schatten auch auf eine *bislang* geglückte Vergangenheit. »Der Augenblick« wird in dieser Rede noch näher bestimmt, indem er mit der Synthesestruktur des Menschen in Zusammenhang gebracht wird. Der Ausdruck »den Augenblick vernehmen« wird mit der ontologischen Verfasstheit des Menschen verbunden, zu der die zeitliche Verfasstheit ja gehört.

»Und es ist ganz gewiss dies das Unglück im Leben der allerallermeisten Menschen, dass sie nie den Augenblick vernommen haben, dass in ihrem Leben das Ewige und das Zeitliche bloß gesondert blieben, und warum? Weil sie es nicht vermochten zu schweigen.«[7] – Bevor die ontologischen Voraussetzungen dieser Stelle näher untersucht werden, sei die Frage gestellt, was in diesem »den Augenblick vernehmen« liegt. Warum ist es nötig, hellhörig zu sein? Der Augenblick ist nämlich etwas, was sich leicht entzieht, es gehört eine ganz bestimmte Aufmerksamkeit dazu, ihn überhaupt wahrzunehmen, denn er »kommt auf den leisen Sohlen des Plötzlichen, leise schleicht er heran: deshalb muss man gänzlich schweigen, wenn man vernehmen soll ›jetzt ist er da‹«[8]. Der Augenblick wird hier als etwas dargestellt, was sich aus der Zukunft dem Menschen nähert. Schweigen erlaube es, die diesem Umstand angemessene aktiv-rezeptive Haltung einzunehmen, die erforderlich ist, um etwas zu vernehmen. Es ist also eine »vernünftige« Haltung der Zukunft gegenüber, weil es sich bei zukünftigen Ereignissen eben um etwas handelt, was dem Menschen – und der Lilie und dem Vogel noch mehr – entzogen ist.

Darüber hinaus gilt es zu bemerken, dass die Formulierung »nie den Augenblick vernehmen« mit der »Sonderung des

Ewigen und des Zeitlichen« in Verbindung gebracht wird. Hinter dieser zunächst unauffällig anmutenden Stelle steht die für Kierkegaard ganz zentrale Auffassung des Menschen als Synthese, die bereits mehrmals erörtert wurde.[9] Den Augenblick vernehmen bedeutet mithin, das Zeitliche und das Ewige »zusammenzusetzen«. Und damit bewahre sich der Mensch vor dem Unglück. Doch für Kierkegaard erschöpft sich darin die Bedeutung der Zeitlichkeit für das Menschsein nicht. Die Zeitlichkeit ermöglicht es dem Menschen vielmehr erst, sich zu verändern. Die ultimative Möglichkeit des Menschen aber ist der Tod. Bei dieser entsetzlichen Möglichkeit des Daseins, nämlich der, nicht mehr da zu sein, setzt Kierkegaard nun an. Nicht umsonst meint er ja, dass das Erbauliche immer mit dem Entsetzlichen beginne. Die Frage ist, wie sich der Mensch angesichts dieser ultimativen Möglichkeit bewahren kann. Um sich selbst als Autor zurückzunehmen und damit dem Leser den unseligen Gedanken des Vergleichs zu erschweren, behandelt er auch diese Thematik am Beispiel der Lilie.

»Wenn es sich für die Lilie so unglücklich als möglich träfe, dass sie gerade in dem Augenblick, in dem sie sich zu erblühen anschickt, was sie im Voraus mit annähernder Gewissheit abschätzen kann, [...] geknickt sein wird und somit ihr Werden ihr Untergang wird, ja, dass es so aussieht, als sei sie bloß geworden und lieblich geworden, um unterzugehen: die gehorsame Lilie findet sich gehorsam darein, sie weiß, so ist es Gottes Wille, und sie erblüht – wenn du sie in diesem Augenblick bloß gesehen hättest: es war ihr auch nicht das Geringste anzumerken, dass diese Entfaltung zugleich ihr Untergang war, so völlig entwickelt, so reich und schön erblühte sie, so reich und schön ging sie – denn das Ganze war ja ein Augenblick – ging sie unbedingt gehorsam ihrem Untergang entgegen. Ein Mensch oder wir Menschen würden an der Stelle der Lilie wohl beim Gedanken daran, dass Werden und Untergang eines sei, verzweifeln und uns alsdann durch Verzweiflung daran hindern, das zu werden, was wir hätten werden können, wenn auch nur für einen Augenblick. Anders die Lilie; sie war unbedingt gehorsam, deswegen wurde sie sie selbst in ihrer Lieblichkeit, sie wurde wirklich ihre ganze Möglichkeit, ungestört, unbedingt ungestört vom Gedanken, dass der gleiche Augenblick ihr Tod sei.«[10]

Wie immer deutet Kierkegaard die gewohnten Vorstellungen um: Es wird nirgends gesagt, worin dieser Gehorsam denn inhaltlich eigentlich besteht – das ist eine Frage, mit der sich Moralisten beschäftigen mögen. Kierkegaards Pointe liegt vielmehr darin, dass unbedingter Gehorsam – also einerseits nichts Bedingtem gegenüber, anderseits keine Bedingungen stellend – davor schützt, sich in Verzweiflung selbst daran zu hindern, das zu werden, was man hätte werden können. Die Lilie wurde sie selbst in all ihrer Pracht, sie hat die in ihr angelegten Möglichkeiten auch verwirklichen können – durch unbedingten Gehorsam. Im Gegensatz zur Lilie könnte der Mensch verzweifelt meinen, seine bestimmte Situation hätte nichts mit dem zu tun, was er selbst ist; er könnte sich selbst anders wünschen oder, was auf dasselbe hinausläuft, sich selbst in einer anderen Situation wünschen. Kurz, er könnte wünschen, nicht er selbst zu sein. Durch unbedingten Gehorsam bewahrt sich die Lilie als die, die sie ist. Hinter dem Bild, das Kierkegaard zunächst von der Lilie gezeichnet hat, vermag der Leser ganz entsetzliche Schicksale zu erkennen; wer würde aber wagen, einem Menschen, der vom Schrecklichen heimgesucht wird, zu sagen, er habe sich damit in unbedingtem Gehorsam abzufinden? Es liegt etwas Empörendes darin, und dies mag einer der Gründe sein, warum Kierkegaard als Verfasser von erbaulichen Reden »im Verborgenen zu bleiben begehrt«. Dem Leser soll suggeriert werden, dass er mit sich selbst spricht. Handelt es sich dabei um einen Versuch, den Leser in seiner Autonomie freizusetzen, oder um – wenn auch subtile – Manipulation? Dieser Erwägung gegenüber steht das *factum brutum*, dass der Mensch dem Entsetzlichen unterworfen ist und dass es an Verständnislosigkeit und billigen Vertröstungen nicht mangelt. Dem Trost Kierkegaards kann man zumindest nicht vorwerfen, dass er billig ist: Nur durch unbedingten Gehorsam kann der Mensch sich selbst bewahren angesichts der Antizipation des »nächsten Augenblicks« – der ja letztendlich der Tod ist.

Sich selbst bewahren unter den Bedingungen der Zeitlichkeit kann man aber nur, wenn auch die zweite Bestimmung des Menschseins erfüllt ist: man selbst zu sein. Dies bezieht sich auf den ewigen Aspekt: Menschen sind, was sie sind, aufgrund ihrer Ursprünglichkeit. Für Kierkegaard bedeutet das, sie sind, was sie sind, »ursprünglich aus Gottes Hand«[11]. Wäre dem nicht so, gäbe es also keine Ursprünglichkeit, könnte man nämlich nicht darüber verzweifeln, man selbst zu sein bzw. nicht man selbst zu sein; ebenso könnte man gar nicht anders als froh sein. Oder genauer: Es würde einem nicht auffallen, da man keinen Maßstab dafür hätte. Im Gegensatz zur Lilie und zum Vogel, die die »erworbene Ursprünglichkeit aus erster Hand haben«, muss sich der Mensch die »unmittelbare und erste Ursprünglichkeit« erst wiedererwerben.[12] Diese erworbene Ursprünglichkeit bezeichnet Kierkegaard an anderen Stellen auch als zweite Unmittelbarkeit. Im Gegensatz hierzu steht das, was Kierkegaard als »Unmittelbarkeit« bezeichnet, nämlich der Zustand des Menschen, so wie er sich immer schon selbst vorfindet: nach dem Verlust der ersten (unmittelbaren) Ursprünglichkeit und vor dem Erwerb der zweiten Unmittelbarkeit (= erworbene Ursprünglichkeit).

Worin liegt nun der Unterschied bzw. der Bruch zwischen der ersten Ursprünglichkeit und der zweiten? Anders formuliert, was liegt zwischen dem Umstand, dass man genau dieser Mensch ist, als den Gott einen geschaffen hat, und dem Umstand, dass man dies auch annimmt und froh darüber ist? Laut Kierkegaard verliert man die erste Ursprünglichkeit durch Sünde. Wie wir oben gesehen haben, bedeutet Sünde für Kierkegaard, dass man sich das Gute, das einem zugedacht ist, selbst nicht gönnt. Deshalb konnten wir Sünde auch als Selbstrestriktion bezeichnen. Dies wirft natürlich die Frage auf, warum sich Menschen aus eigenem Willen dieser

Selbstrestriktion unterwerfen. Warum öffnet sich der Mensch nicht dem Guten, das ihm zugedacht ist, der Schönheit, Heilung und dem Ganzsein? Wie wir gesehen haben, will Vigilius Haufniensis' Antwort – »aus Angst« – keine Erklärung dieses sonderbaren Umstandes geben; es ist lediglich eine Beschreibung: Konfrontiert mit der Möglichkeit des eigenen erfüllten Lebens und der Freude, bekommt der Mensch Angst. Betrachtet man das Verhältnis zwischen erster Ursprünglichkeit, Unmittelbarkeit und erworbener Ursprünglichkeit von der anderen Seite her, rückt nicht die Sünde, sondern das Leiden in den Blickpunkt. Anders ausgedrückt: Der Weg von der ersten Ursprünglichkeit zur Unmittelbarkeit führt durch Sünde, der von dort zur erworbenen Ursprünglichkeit (d. h. zur zweiten Unmittelbarkeit) durch Leiden. Warum nun dieses Leiden? Im Allgemeinen kann man sagen, dass es mehr Kraft kostet, sich der Heilung zu widersetzen, als Heilung zuzulassen. Daher bedeutet das Verbleiben in der Selbstrestriktion Leiden.

Kierkegaard verweist aber in diesen Reden auf eine andere, tiefere Ursache des Leidens: »Mögest du in der Stille dich selbst vergessen, sogar wie du heißt, deinen eigenen Namen, den berühmten Namen, den elenden Namen, den nichts bedeutenden Namen, auf dass du im Schweigen zu Gott betest: ›Geheiligt werde *dein* Name!‹ Mögest du im Schweigen dich selbst vergessen, deine Pläne, die großen allumfassenden Pläne oder die eng umgrenzten Pläne bezüglich deines Lebens und seiner Zukunft, auf dass du im Schweigen zu Gott betest: ›*Dein* Reich komme!‹ Mögest du im Schweigen deinen Willen vergessen, deinen Eigensinn, auf dass du im Schweigen zu Gott betest: ›*Dein* Wille geschehe!‹«[13]

Dies läuft also auf Selbstverleugnung oder gar Selbstvernichtung hinaus. Das kann man natürlich rundheraus ablehnen. Man kann aber auch nach der Pointe Kierkegaards fragen. Menschen neigen dazu, bestimmte Vorstellungen über sich selbst zu nähren. Üblicherweise wird einem von anderen gesagt, wie man sich verhalten soll. Sensible Menschen nehmen sogar das noch vorweg und zeigen ein Verhalten, von dem sie meinen, es werde von ihnen erwartet. Oder man terrorisiert sich selbst mit den Erwartungen, die man an sich stellt. Hier wird aber gesagt, dass man alle Vergleiche, alle Differenzen und Unterschiede, »den berühmten Namen, den elenden Namen«, vergessen soll, ganz gleich, ob sie uns von anderen oder von uns selbst zugeschrieben wurden. Ähnlich wie bei der bereits erwähnten Menschen- bzw. Gottesfurcht scheint Kierkegaard hier anzudeuten, dass wir wählen können, unsere eigenen, engen Vorstellungen unserer selbst und die Namen, das heißt Identitäten, die uns von anderen zugeschrieben werden, zu »heiligen« oder aber den Namen Gottes. Das Aufgeben der eigenen Selbstrestriktionen und jener Restriktionen, die uns von außen aufgezwungen werden, bedeutet Selbstvernichtung, das Aufbrechen dieser engen Vorstellungen bedeutet Leiden. Selbstrestriktive Verhaltensmuster zu ändern tut weh. Aber nur durch die Ver-*nicht*-ung dieser Verhaltensmuster gewährt man sozusagen Gott den Raum, den Menschen nach *seinem* Ebenbild zu schaffen. Kierkegaard notiert sich nämlich, dass Gott ständig ex nihilo, also aus dem Nichts schöpft.[14] Nur durch die Vernichtung selbstrestriktiver oder aufgedrängter Vorstellungen – Kierkegaard bezeichnet dies auch häufig als »Absterben« – gelange der Mensch dahin, »er selbst zu sein«: aus Gottes Hand. Von daher könnte man sagen, dass die Aufgabe des Menschen die Aufgabe, d. h. das Aufgeben des »Menschen« ist. So viel also zum Zusammenhang zwischen Leiden und »selbst sein«. Die zweite Bestimmung des Menschseins hat ebenfalls mit Leiden zu tun. »Sich selbst bewahren« erfolgt, wie erläutert, im Kontext von Zeitlichkeit. Während die Vergangenheit (nämlich die verfehlte) hier nicht ausdrücklich erwähnt wird, behandelt Kierkegaard das Verhältnis des Menschen zu seiner Zukunft (»Die Lilie schweigt und harrt«) und zu seiner Gegenwart (»Die Lilie schweigt und leidet«). Letzteres wird folgendermaßen beschrieben: »Für die Lilie ist Leiden Leiden, nicht mehr und nicht weniger. Indes, eben wenn Leiden nicht mehr und nicht weniger ist als Leiden, ist das Leiden, so sehr wie es möglich ist, einfach und einfältig geworden und ist so gering gemacht worden, als es nur möglich ist. Weniger kann das Leiden nicht werden, zumal es ist und somit ist, was es ist.«[15] Was zunächst nach der subjektiven Seite entwickelt worden ist, wird hier also nach der objektiven Seite dargestellt: Nur das Leiden bewahrt uns davor, uns unsere eigenen Vorstellungen der Wirklichkeit, der Gegenwart, also dessen, was ist, was es ist, aufzuzwingen. Lediglich die Haltung des Schweigens, des aktiv-passiven Vernehmens dessen, was ist, was es ist, schützt davor, ein fantastisches Verhältnis zur Wirklichkeit zu konstruieren, und ist somit ein vernünftiges Verhältnis. Leiden ist hier demnach ein Indikator für Wirklichkeit. Dass unsere Theorieentwürfe über die Wirklichkeit nämlich tatsächlich mit dieser selbst zu tun haben und nicht bloße Konstrukte unsererseits sind, zeigt sich eigentlich nur im Scheitern dieser Modelle an ebendieser Wirklichkeit.

Schließlich bleibt noch darauf hinzuweisen, dass Kierkegaard die beiden Bestimmungen des Menschseins zusammenfasst: »Selbst sein« und »sich selbst bewahren« wird definiert als »sich selbst gegenwärtig sein«. Und »sich selbst gegenwärtig sein« wird näher bestimmt als »froh sein«. Damit wären wir beim Anfang angekommen – ein Mensch zu sein bedeutet, in beständiger Freude zu sein: »Was ist Freude, was ist froh sein? Es ist, dass man in Wahrheit sich selbst gegenwärtig ist; aber dass man sich selbst in Wahrheit gegenwärtig ist, es ist dies ›Heute‹, dies, dass man heute *ist*, dass man in Wahrheit *heute ist*. Und in ebendem Maß, in dem du im Heutesein dir selbst immer mehr ganz gegenwärtig bist, in ebendiesem Maß ist der Tag des Unheils, der morgige Tag, für dich nicht da. Die Freude ist die Zeit, die eben jetzt ist, wobei der ganze Nachdruck auf der eben jetzt seienden, *der gegenwärtigen Zeit* liegt.«[16]

Die Antwort, die Kierkegaard in diesen drei Reden auf die traditionelle Frage gibt, was es heißt, ein Mensch zu sein, mag manchen überraschen, der ihn lediglich mit Titeln wie der

Krankheit zum Tode, *Furcht und Zittern* und dem *Begriff Angst* oder mit einer falsch verstandenen »negativistischen Methode« in Verbindung bringt. Er selbst notiert sich jedoch in sein Journal: »Wenn man es recht verstehen will, so hat eigentlich ein jeder Mensch, der sich in Wahrheit zu Gott verhalten und mit ihm verkehren will, nur eine einzige Aufgabe, und zwar die: immer froh zu sein.«[17]

Zu Stil und Form

Kierkegaards Bibliothek zeugt davon, dass er die Bildung, Geisteswelt und Spiritualität Alteuropas nicht nur kennt, sondern auch zu schätzen weiß. Dies spiegelt sich in Stil und Form seiner Schriften wider, die gewiss nicht dem entsprechen, was man von Philosophen und Theologen üblicherweise erwartet. Sein literarischer Stil ist zum einen durch seine Erziehung und Ausbildung geprägt. Zu nennen sind hier die griechischen und lateinischen Klassiker und besonders deren rhetorische Figuren. Die Antithese etwa ist für Kierkegaard überaus charakteristisch und auf jeder Ebene seiner Werke anzutreffen. Die Gegenüberstellung von erbaulichen und pseudonymen Werken, die Konzeption der Pseudonyme selbst (Climacus – Anti-Climacus), das gleichzeitige Erscheinen von Schriften, die sich in all ihrer Gegensätzlichkeit dennoch aufeinander beziehen, die Gliederung einzelner Werke bis hinab zur Kapitel-, Satz- und Wortebene können unter diesem Blickwinkel betrachtet werden. Darüber hinaus ist die Antithese wesentlich für Kierkegaards Bestimmung des Menschen und für seine Christologie. Natürlich spielen auch die hebräischen Stilelemente des Alten Testamentes, der Satzparallelismus vor allem in seiner antithetischen und chiastischen Form eine wichtige Rolle. Allen Schriften gemein ist die Vorliebe für die Alliteration, d. h. für den Gleichklang aufeinander folgender Worte im Anlaut, der ja einen prominenten Platz in der klassischen skandinavischen Literatur einnimmt. Kierkegaards erbauliche Reden sind geprägt vom biblischen Stil und vermutlich noch mehr von der Sprache des dänischen Kirchenliedes. In vielen seiner pseudonymen Schriften bedient er sich der Terminologie des deutschen Idealismus, der er aber meist eine eigentümliche Wendung gibt.

Wichtig ist auch, darauf hinzuweisen, dass er eine Vorliebe dafür hat, denselben Wörtern in verschiedenem Kontext gegensätzliche Bedeutungen zu geben. Offenbar beruht das richtige oder falsche Verständnis eines Ausdrucks eben nur auf einer geringfügigen Verschiebung des Blickwinkels. Darüber hinaus bedient sich Kierkegaard zahlreicher Prosagattungen und -formen, die aufzuzählen hier nicht möglich ist.

Eine weitere Eigentümlichkeit seines Stils liegt in der häufigen Verwendung von Bildern, Gleichnissen und kleinen Erzählungen, die den Gedankengang illustrieren oder aber auch nuancieren oder gar konterkarieren. Während solche erzählerischen Elemente in den früheren Schriften häufig eine zunächst theoretisch formulierte Einsicht anschaulich darstellen, sind sie in den späteren Schriften – besonders in den erbaulichen – an den Anfang gestellt und werden erst anschließend in theoretischen Ausdrücken erläutert. Die anschaulichen Bilder und Erzählungen illustrieren hier nicht mehr bloß eine denkerische Pointe, sondern werden selbst zur Hauptsache. Es ist, als ob Kierkegaard meinte, dass die Imagination in bestimmten Fällen einen direkten Zugriff auf die Wahrheit bietet, dass sie das Mythische und das Denkerische in sich vereinigt.

In diesen eingestreuten Erzählungen greift er häufig Stoffe aus der Volksliteratur und aus Märchen auf. Und tatsächlich gibt es eine Reihe von Charakteristika des Volksmärchens, die man bei Kierkegaard in allerdings veränderter Form wiedererkennt. Märchenhelden sind häufig Ausgestoßene, Isolierte, die aber gerade deshalb durch nichts Bestimmtes gebunden sind.[1] Bei Kierkegaard hat diese Isoliertheit, die eben auch universelle Beziehungsfähigkeit ermöglicht, noch eine andere Dimension: Wirklichkeit, Mitmensch und Gott sind dem letzten Zugriff, dem harten In-den-Griff-Nehmen des Begreifens und damit der Beherrschbarkeit entzogen. Im Märchen ist das Unscheinbare, Mangelhafte und Gebrechliche auch Zeichen eines höheren Seins, einer »hohen Möglichkeit«. Jede und jeder ist zum Königtum berufen. Verwünschung und Erlösung spielen eine wichtige Rolle, denn das Märchen sieht den Menschen als grundsätzlich erlösungsbedürftig an. Dies gilt auch für Kierkegaards Menschenverständnis; während das Märchen jedoch den Grund der Verwünschung kaum je thematisiert und sich auf die Erlösung aus unheilvoller Bindung konzentriert, versucht Kierkegaard auch diese unheilvolle (Selbst-)Bindung zu erhellen. Das Märchen hat die Tendenz, Unsichtbares in Sichtbares zu verwandeln, Seelisches und Geistiges in äußeren Handlungen darzustellen und augenfällig zu machen. Bei Kierkegaard ist es umgekehrt: Auch seine Erzählungen sind zielstrebig und geradlinig, zielen jedoch auf eine Psychologisierung, sie suchen im Äußeren das Seelische und Geistige auf. Dabei verwandelt sich die Zielstrebigkeit der Volksliteratur in psychologische Verzögerungen.

Für Kierkegaards Werk insgesamt sind Geradlinigkeit und Zielstrebigkeit nicht bezeichnend. Im Gegenteil, es stellt sich als »polyphones Werk«[2] dar. Die Stimmen einzelner Schriften, ja sogar einzelner darin vorkommender »poetischer Individualitäten«, wie etwa die eines märchenhaften Königs, eines einfachen Mädchens, eines Wassermanns und diverser »Ritter«, haben genauso viel Gewicht wie jene des Autors. Das heißt, dass ihnen eine Selbstständigkeit neben jener des Autors eigen ist, weshalb sie in der echten Polyphonie vollwertiger Stimmen nicht auf eine Funktion des Autorenwortes reduziert werden können. Mit anderen Worten: Die »eigentliche« Intention Kierkegaards lässt sich an keiner einzelnen dieser vielen Stimmen festmachen.

Der Vorschlag, Kierkegaards Schriften als polyphones Werk zu lesen, versteht sich als Gegenentwurf zur lange Zeit vorherrschenden so genannten »stadientheoretischen« Auslegung. Diese Stadientheorie ist erst Jahrzehnte nach dem Tod Kierkegaards im Zusammenhang mit den ersten großen Kierkegaard-Monografien aus dem Bedürfnis heraus entstanden, eine unübersichtliche und vielseitige Verfasserschaft in einer einigermaßen systematischen Form darzustellen. Dabei wird die menschliche Existenz in Sphären bzw. Stadien eingeteilt, die es zu durchlaufen gilt, um die höchste, die christliche, zu erreichen. Üblicherweise wird dabei zwischen den Sphären des Ästhetischen, Ethischen und Religiösen unterschieden, wobei zwischen den ersten beiden der Grenzbereich der Ironie, zwischen den letzten beiden jener des Humors angesetzt wird. Innerhalb des religiösen Stadiums wird wiederum zwischen einer Religiosität A und B unterschieden. Bei Ersterer handle es sich um eine immanente, während Letztere transzendent und durch das Verhältnis zum christlichen Paradox gekennzeichnet sei. Diese Entwicklung wird vom Christlichen her gesehen und beurteilt, als notwendig betrachtet oder aber durch »Sprünge« als miteinander verbunden bzw. getrennt gedacht.

Wie wir gesehen haben, spielen all diese Termini tatsächlich eine gewisse Rolle in den Schriften Kierkegaards. Aber so einleuchtend und fruchtbar der stadientheoretische Ansatz auch gewesen sein mag, darf dabei nicht übersehen werden, dass er eine stark reduktionistische Tendenz aufweist. Einem Aspekt der Verfasserschaft wird dabei ein bevorzugter Status zugeschrieben, und aus dieser Perspektive werden die übrigen kritisiert und beurteilt. Die Rechtfertigung für dieses Vorgehen wird dann wieder in ebenjenen Schriften gesucht, denen bereits im Voraus ein bevorzugter Status zugeschrieben wurde. Daher scheint es fruchtbarer zu sein, von einer derartigen »Monologisierung« abzusehen und von einer vielfach nuancierten und wohl auch gebrochenen Polyphonie verschiedener Stimmen im Gesamtwerk Kierkegaards auszugehen, wenngleich damit nicht alle methodologischen Probleme der Stadientheorie behoben oder umgangen werden können. Tatsächlich hat Kierkegaard selbst sein Werk auf eine Vielstimmigkeit angelegt, die nicht ohne weiteres auf eine einzige, alle anderen dominierende Stimme reduziert werden kann. Die Vielheit der Stimmen etabliert vielmehr erst einen Gesprächszusammenhang, in dem die eine Stimme die andere nicht zu übertönen, sondern zu ergänzen und zu korrigieren scheint.

In einem seiner Journale notierte sich Kierkegaard einige Worte zur Rolle des »Korrektivs«, wie er es nennt. Als ein solches Korrektiv für die ganze Gesellschaft und ihre Normen wirke z. B. ein »Geopferter«; ein Vorgang für den Kierkegaard das Bild des Gewürzes gebraucht, das einer Speise erst den rechten Geschmack verleihe. Kierkegaard weist freilich auf das drohende Missverständnis hin, das alles verwirren würde: wenn sich nämlich das Korrektiv zum Normativ für die anderen machen wollte. Zur weiteren Erläuterung bedient er sich eines Bildes, das man als eines der Polyphonität bezeichnen kann. Ein solches Korrektiv, also ein derart Geopferter, wisse laut Kierkegaard, »dass unter den tausenden unterschiedlicher Stimmen, die alle auf ihre Weise dasselbe ausdrücken, auch die seine zu hören ist, und vielleicht gerade die seine in Wahrheit *de profundis*: Gott ist Liebe. Der Vogel auf dem Zweig, die Lilie auf dem Feld, der Hirsch im Wald, der Fisch im Meer, unzählige Scharen froher Menschen jubeln: Gott ist Liebe. Aber darunter, gleichsam all diese Sopranstimmen tragend, wie die Bassstimme es tut, klingt das *de profundis* der Geopferten: Gott ist Liebe.«[3]

Es scheint fast so, als hätte sich Kierkegaard zuweilen als ein solches »Korrektiv«, als ein von der Vorsehung Geopferter verstanden. Aber auch diese vorgeblich so ernste Stimme »aus der Tiefe« ist bloß eine der vielen Stimmen im Werk Kierkegaards. Vielleicht hätte der sogar akademisch als solcher ausgewiesene Magister der Ironie, so wie er es selbst stets gegen anmaßende Formen des Religiösen praktiziert hat, den Lesern mit Gorgias, dem Meister der Antithese, empfohlen, dem Ernst mit Gelächter und dem Gelächter mit Ernst zu entgegnen.[4] Dann werden vielleicht auch sie, so wie es sich der Aphoristiker im ersten Teil von *Entweder – Oder* wünscht, bei der Lektüre Kierkegaards stets das Lachen – sogar das der Götter – auf ihrer Seite haben.

Anmerkungen

Verwiesen wird auf die dänische Ausgabe in *Søren Kierkegaards Skrifter*, soweit die Bände bisher erschienen sind; bei den übrigen Bänden auf *Samlede Værker* 1901–1906. Gleichzeitig wird auf die deutsche Übersetzung in den *Gesammelten Werken* (*GW1*) verwiesen. Die Angabe erfolgt mittels einer Sigle für die jeweilige Schrift (siehe bibliografischen Anhang), der Nennung der dänischen Ausgabe, der Band- und Seitenzahl. Die Seitenzahl in der deutschen Übersetzung findet man nach einem Querstrich, z. B. *FZ SKS* 4, 112/22, d. h. *Furcht und Zittern*, *Søren Kierkegaards Skrifter*, Bd. 4, S. 112, in der deutschen Übersetzung in *GW1*, S. 22. Die deutschsprachigen Übersetzungen in diesem Band sind meine eigenen.

Kierkegaard – ein Denker der Moderne

1 *FZ SKS* 4, 112/22.
2 *B&A*, Bd. I, S. 332, Brief Nr. 311. Aus dem Text in *B&A* lässt sich übrigens nicht entnehmen, ob das Schreiben an Kierkegaard von einer Frau oder einem Mann stammt.

Leben und Werk

1 *AUN1 SKS* 7, 171/177.
2 *AUN1 SKS* 7, 171f./177.
3 *AUN1 SKS* 7, 172/178.
4 *GWS SV1* XIII, 564/75.
5 *Pap.* X,1 A 468/*T* 3, 247.
6 *B&A*, Nr. 62/*B* 88 (Nr. 46).
7 P. Tudvad: *Kierkegaards København*, Kopenhagen 2004, S. 377 bis 390.
8 *GWS SV1* XIII, 557/67.

Ästhetik und Ethik

1 *EO1 SKS* 2, 295/327f.
2 *EO1 SKS* 2, 331/368.
3 *EO1 SKS* 2, 280/310.
4 *EO1 SKS* 2, 216/236.
5 *EO1 SKS* 2, 219/240.
6 *EO1 SKS* 2, 51/45f.
7 *EO2 SKS* 3, 173/189f.
8 *EO2 SKS* 3, 251/281.

»Die Wiederholung«

1 Vigilius Haufniensis in *Der Begriff Angst*, *BA SKS* 4, 325/15 über den Begriff der Wiederholung in den beiden Werken *Die Wiederholung* und *Furcht und Zittern*.
2 *W SKS* 4, 9/3.
3 G. W. F. Hegel, *Grundlinien der Philosophie des Rechts*, in: *Werke*, Bd. VIII, Berlin 1840, Vorrede S. 20.
4 *Pap.* IV A 164.

Der Schauder des Gedankens

1 G. W. F. Hegel, *Vorlesungen über die Geschichte der Philosophie*, Bd. I-III, Leipzig 1971, Bd. III, S. 254 und S. 250.
2 Ebenda, S. 258.
3 Vgl. *FZ SKS* 4, 101 und 132/3 und 36. Bei einigen Nachdrucken von *FZ* in *GW1* sind die hier angeführten Seitenangaben um 10 zu erhöhen.
4 *FZ SKS* 4, 152/63.
5 *FZ SKS* 4, 106/8.
6 *FZ SKS* 4, 105/7.
7 *FZ SKS* 4, 110/9f.
8 *FZ SKS* 4, 108 und 110/9 und 11.
9 *FZ SKS* 4, 118/20f.
10 *FZ SKS* 4, 143 und 132/51 und 35.
11 *FZ SKS* 4, 131/34.
12 *FZ SKS* 4, 133/36.

13 *FZ SKS* 4, 135/40.
14 *FZ SKS* 4, 162/76f.
15 *FZ SKS* 4, 132/35.
16 *Drei erbauliche Reden* 1843, *3R3 SKS* 5, 101/142.

Das Paradox

1 *FZ SKS* 4, 162/76.
2 *PB SKS* 4, 213/1.
3 *PB SKS* 4, 242 f./35.
4 *PB SKS* 4, 245/37.
5 *PB SKS* 4, 249 f./42.
6 *PB SKS* 4, 224/13.
7 *PB SKS* 4, 233 f./24 ff.

Existenz und Mitteilung

1 *AUN2, SKS* 7, 274/1.
2 Vgl. *AUN2 SKS* 7, 482/240.
3 *AUN1 SKS* 7, 91/85. Climacus bezieht sich hier auf Platons *Symposion* (203 b). Ihm unterläuft ein – im 19. Jahrhundert übrigens verbreiteter – Übersetzungsfehler, wenn er *Poros* (Weg) mit Reichtum übersetzt; dies passt jedoch zu seinem antithetischen Denken und Stil.
4 In den *Werken der Liebe* bezeichnet Kierkegaard dann diese verbindende Kraft der Liebe als »Band der Ewigkeit«: »Was aber ist es, welches das Zeitliche und die Ewigkeit verbindet, was ist es anderes als Liebe [dän. *Kjerlighed*], die eben deswegen vor allem anderen ist und bleiben wird, wenn alles vorbei ist. Aber gerade weil die Liebe auf diese Weise das Band der Ewigkeit ist und gerade weil die Zeitlichkeit und die Ewigkeit ungleichartig sind, kann die Liebe der irdischen Gewitztheit als Bürde erscheinen [...].« (*WL SV1*, 10f./8f.)
5 *AUN1 SKS* 7, 114/111.
6 *AUN1 SKS* 7, 182/190; die ganze Passage ist im Original hervorgehoben.
7 *AUN1 SKS* 7, 184/192.
8 *AUN1 SKS* 7, 189/198.

9 *Pap.* VIII 2 B 79-89.
10 *AUN1 SKS* 7, 73/65.
11 *AUN1 SKS* 7, 77/68f.
12 *AUN1 SKS* 7, 74/66.
13 *AUN2 SKS* 7, 327/62.
14 *AUN1 SKS* 7, 220/234.
15 *AUN1 SKS* 7, 79/71.
16 *EC SV1* XII, 116/126.
17 *EC SV1* XII, 117/127.
18 Aristoteles, *Soph. Elench.* 171b4-6, vgl. 183b7-8.

Verzweiflung

1 *KT SV1* XI, 127/8.
2 *KT SV1* XI, 127/8.
3 *KT SV1* XI, 127f./9.
4 *KT SV1* XI, 128/9.
5 *ERG SKS* 8, 143f./36.
6 *KT SV1* XI, 132/14.
7 *KT SV1* XI, 146/29.
8 *KT SV1* XI, 154/39.
9 *KT SV1* XI, 146/30.
10 Vgl. dazu *KT SV1* XI, 130/11 und *LF SV1* XI, 40/66f.
11 *KT SV1* XI, 189/75
12 *KT SV1* XI, 191/78.
13 *KT SV1* XI, 191/78.
14 *KT SV1* XI, 197/85. Anti-Climacus spricht zwar vom Ärgernis, das aber als gemeinsamer Gegensatz zum Glauben hier durchaus analog zur Sünde aufzufassen ist.
15 *KT SV1* XI, 241/134.

Angst und Vergebung

1 *BA SKS* 4, 347/40f.
2 *BA SKS* 4, 348/40.
3 *BA SKS* 4, 365/60f.
4 *FZ SKS* 4, 183ff./106ff.

Die Aufgabe des Menschen

1 *LF SV1* XI, 14/36f.
2 *LF SV1* XI, 14/36.
3 Isokrates, 3,5, zit. nach B. Snell, *Die Entdeckung des Geistes*, 2. Aufl., Hamburg 1943, S. 236.
4 *LF SV1* XI, 14f./37.
5 *LF SV1* XI, 30/55.
6 *LF SV1* XI, 17/40; die Hervorhebung stammt von Kierkegaard.
7 *LF SV1* XI, 18/40.
8 *LF SV1* XI, 18/41.
9 Vgl. auch *Der Begriff der Angst* (1844), *Abschließende unwissenschaftliche Nachschrift* (1846) und die ein paar Monate nach diesen Reden erschienene *Krankheit zum Tode* (1849).
10 *LF SV1* XI, 30f./55f.
11 *LF SV1* XI, 40/66f., vgl. dazu *Die Krankheit zum Tode*, *SV1* XI, 130/11.
12 *LF SV1* XI, 40/66f.
13 *LF SV1* XI, 21/45.
14 *Pap.* II A 758/T 1, 106; *Pap.* X,2 A 541; *Pap.* XI,1 A 491/T 5, 254.
15 *LF SV1* XI, 19/42.
16 *LF SV1* XI, 40f./67.
17 *Pap.* VIII, 1 A 12.

Zu Stil und Form

1 Meine knappe Charakterisierung des Märchens stützt sich hier – bis in einzelne Formulierungen hinein – auf die Arbeiten von Max Lüthi. Welche Rolle Märchen und Volksliteratur in Kierkegaards Werk spielen, ist bisher kaum erforscht. Zu Ersteren siehe Grethe Kjær, *Eventyrets verden i Kierkegaards forfatterskab*, Kopenhagen 1991.
2 Der Ausdruck »polyphoner Roman« wurde von Michail Bachtin geprägt, um eine Besonderheit der Romane Dostojewskis zu bezeichnen. Manches deutet darauf hin, dass er diese Eigentümlichkeit aber zunächst an Kierkegaard entdeckt hat.
3 *Pap.* X 4 A 596/T 5, 94f.
4 Aristoteles, *Rhetorik* III, 18, 1419b3-4; vgl. *AUN2 SKS* 7, 475/232f.

Kommentierte Bibliografie

Primärliteratur

Siglen zu Kierkegaards Schriften (mit der Angabe des Bandes in GW1)

A *Der Augenblick*, GW1 24.
AUN1-2 *Abschließende unwissenschaftliche Nachschrift zu den Philosophischen Brocken*, Bd. 1 und 2, GW1 10–11.
B *Briefe*, GW1 25.
BA *Der Begriff Angst*, GW1 7.
BI *Über den Begriff der Ironie mit ständiger Rücksicht auf Sokrates*, GW1 21.
EC *Einübung im Christentum*, GW1 18.
EO1-2 *Entweder – Oder*, 1. und 2. Teil, GW1 1–2.
ERG *Erbauliche Reden in verschiedenem Geist 1847*, GW1 13.
FZ *Furcht und Zittern*, GW1 3.
GWS *Der Gesichtspunkt für meine Wirksamkeit als Schriftsteller*, GW1 23.
KT *Die Krankheit zum Tode*, GW1 17.
LF *Die Lilie auf dem Felde und der Vogel unter dem Himmel*, GW1 16.
PB *Philosophische Brocken*, GW1 6.
3R3 *Drei erbauliche Reden 1843*, GW1 4.
W *Die Wiederholung*, GW1 4.
WL *Die Werke der Liebe*, GW1 14.

Textausgaben

SKS *Søren Kierkegaards Skrifter,* hg. von N. J. Cappelørn, J. Garff, J. Kondrup, A. McKinnon und F. Hauberg Mortensen, Kopenhagen 1997 ff. – Verlässliche, mit Realkommentaren versehene Ausgabe, die in 28 Text- und 27 Kommentarbänden alles umfassen wird, was aus Kierkegaards Feder stammt; für die Forschung unentbehrliche, maßgebliche Ausgabe.

SV1   *Samlede Værker,* hg. von A. B. Drachmann, J. L. Heiberg und
      H. O. Lange, Bd. I-XIV, Kopenhagen 1901-1906. - 1. Ausgabe
      der gesammelten Werke. Von der Benutzung der dritten Ausgabe
      (*SV3* in 20 Bänden, Kopenhagen 1962-1964 und öfter) ist
      tunlichst abzusehen, da sie zahlreiche sinnentstellende
      Fehler enthält.

Pap. *Søren Kierkegaards Papirer,* Bd. I-XI,3, hg. von P. A. Heiberg,
      V. Kuhr und E. Torsting, Kopenhagen 1909-1948; 2., erw. Aufl.
      von N. Thulstrup, Bd. XII-XIII/Ergänzungsbände von N. Thulstrup,
      Bd. XIV-XVI/Registerbände von N. J. Cappelørn, Gyldendal,
      Kopenhagen 1968-1978.

B&A   *Breve og Aktstykker vedrørende Søren Kierkegaard,* hg. von
      N. Thulstrup, Bd. I-II, Kopenhagen 1953.

Rasmus Nielsen (Hg.): *S. Kierkegaard's Bladartikler*, Kopenhagen
1857. - Enthält Kierkegaards gesammelte Zeitungsartikel.

Übersetzungen

DSKE *Deutsche Søren Kierkegaard Edition*, Bd. 1, hg. von H. Deuser
      und R. Purkarthofer, Berlin/New York 2005. - Enthält die
      Journale AA-DD einschließlich der Kommentare in *SKS* 17.

GW1   *Gesammelte Werke*, übers. und hg. von E. Hirsch, H. Gerdes
      und H.-M. Junghans, 36 Abtlg. in 26 Bdn. und Registerbd.,
      Düsseldorf/Köln 1950-1969. - Text-, nicht bandidentische
      Nachdrucke 1986-1995 und öfter. Am Rand sind die Seitenhinweise
      auf *SV1* vermerkt, die das Auffinden einer Passage
      auch in *KW* erlauben.

KW   *Kierkegaard's Writings*, übers. von H. V. Hong und E. H. Hong,
      Bd. I-XXVI, Princeton 1978 ff.

JP   *Søren Kierkegaard's Journals and Papers*, hg. und übers. von
      H. V. Hong und E. H. Hong, unter Mitarbeit von G. Malantschuk,
      Bd. 1-7, Bloomington/London, 1967-1978.

T 1-5 *Die Tagebücher*, übers. und hg. von H. Gerdes, Bd. 1-5, Düsseldorf/Köln
      1962-1974.

Hier wird der Einfachheit halber auf die großen Sammelausgaben verwiesen. In einigen Fällen sind Einzelübersetzungen vorzuziehen. Siehe die Übersetzungen von Theodor Haecker, Thyra Dohrenburg, Lieselotte Richter, Hans Rochol, Gisela Perlet und Tim Hagemann. An englischsprachigen Übersetzungen außerhalb der Sammlung in *KW* sind zu erwähnen: Walter Lowrie (*FZ* und *KT*, 1945), Lee M. Capel (*BI*) sowie die von D. F. Swenson und Alastair Hannay.

Sekundärliteratur

Hilfsmittel, Zeitschriften, Serien

Bibliotheca Kierkegaardiana, hg. von N. Thulstrup und M. Mikulová Thulstrup, Bd. 1-16, Kopenhagen 1978 ff. – Versuch einer enzyklopädischen Darstellung von Kierkegaards Werk, Leben und Rezeptionsgeschichte; viele hier gesammelte Artikel sind als Einstieg zu bestimmten Fragestellungen auch heute noch zu empfehlen.

Kierkegaardiana, Kopenhagen 1955 ff. – Bietet spezifische, für Kierkegaard relevante Artikel auf Deutsch, Dänisch und Englisch, Rezensionen und in regelmäßigen Abständen umfassende Bibliografien; Nr. 21, (2000) enthält ein Verzeichnis aller Artikel seit 1955.

Kierkegaard Studies: Yearbook, Berlin/New York 1996 ff. – Darin findet man hauptsächlich Konferenzbeiträge zu jeweils einem bestimmten Werk Kierkegaards. Zu empfehlen sind die darin aufgenommenen Beiträge zur jeweiligen Rezeptionsgeschichte.

Malantschuk, G.: *Nøglebegreber i Søren Kierkegaards tænkning*, hg. von G. Kjær und P. Müller, Kopenhagen 1993. – Enthält eine Auswahl von »Schlüsselbegriffen«, die auf Malantschuks Erläuterungen in *JP* beruhen.

Rohde, H. P. (Hg.): *Auktionsprotokol over Søren Kierkegaards Bogsamling*, Kopenhagen 1967. – Katalog über die nach Kierkegaards Tod versteigerten Bücher seiner Sammlung.

Watkin, J.: *Historical Dictionary of Kierkegaards Philosophy*, Lanham/Maryland/London 2001.

Hilfreich sind auch die Registerbände von *KW*, *JP*, *Pap*. sowie vor allem die Realkommentare der Ausgaben *SKS* bzw. *DSKE*. Umfangreiche bibliografische Angaben und nützliche Hinweise sowie weitere Links findet man unter www.stolaf.edu/collections/kierkegaard. Unter www.sk.ku.dk/konkordans findet man elektronische Konkordanzen zu verschiedenen Kierkegaard-Ausgaben und -Übersetzungen.

Bibliografien

Himmelstrup, J.: *Søren Kierkegaard. International Bibliografi*, Kopenhagen 1962 (bis 1955 bzw. 1961).
Jørgensen, A.: *Søren Kierkegaard Litteratur 1961-1970. En foreløbig bibliografi*, Aarhus 1971.
Jørgensen, A.: *Søren Kierkegaard-litteratur 1971-1980. En bibliografi*, Aarhus 1982.
Kierkegaardiana enthält in regelmäßigen Abständen umfassende Bibliografien, vgl. Nr. 12 und 16-23.

Biografische Werke

Garff, J.: *Sören Kierkegaard. Biographie*, München/Wien 2004 (dän. 2000). – Vergnüglich geschriebene, großangelegte Biografie, die dem Spannungszusammenhang von Schrift und Leben bei Kierkegaard nachgeht.
Hannay, A.: *Kierkegaard. A Biography*, Cambridge 2001. – Eine »intellektuelle Biografie«.
Kirmmse, B. H. (Hg.): *Encounters with Kierkegaard. A Life as Seen by His Contemporaries*, Princeton/New Jersey 1996 (dän. Original 1996). – Berichte von Kierkegaards Zeitgenossen über ihn; aufschlussreiche Kommentare erhellen das historische und soziale Umfeld.
Lowrie, W.: *Kierkegaard*, London/New York/Toronto 1938. – In einigen Punkten überholte, sonst durchaus noch lesenswerte Biografie, die auch das schriftstellerische Werk darstellt.
Tudvad, P.: *Kierkegaards København*, Kopenhagen 2004. – Bewundernswert detaillierte und prächtig illustrierte Darstellung vom »Kopenhagen Kierkegaards«.

Monografien

Deiss, E.: *Entweder – Oder? oder: Kierkegaards Rache. Einladung an die Verächter des Ästhetischen sich fortzubilden oder fortzumachen*, Diss. Heidelberg 1984.

Grøn, A.: *Angst bei Søren Kierkegaard*, Stuttgart 1999 (dän. 1993). – Thematisch orientierte Einführung anhand der Schrift *Der Begriff Angst*.

Hirsch, E.: *Kierkegaard-Studien I-II*, Gütersloh 1933. – Nach wie vor nützliche und stellenweise tiefgründige, theologisch orientierte Darstellung des Gesamtwerkes.

Kirmmse, B. H.: *Kierkegaard in Golden Age Denmark*, Bloomington/Indianapolis 1990. – Glänzende Einführung in die kulturellen, politischen und historischen Hintergründe des »Goldenen Zeitalters« Dänemarks.

Léon, C. und S. Walsh (Hg.): *Feminist Interpretations of Søren Kierkegaard*, Pennsylvania 1997.

Liessmann, K. P.: *Ästhetik der Verführung. Kierkegaards Konstruktion der Erotik aus dem Geiste der Kunst*, Frankfurt a. M. 1991.

Mackey, L.: *Kierkegaard – A Kind of Poet*, Philadelphia 1971 – Literarisch orientierte Arbeit.

Malik, H. C.: *Receiving Søren Kierkegaard. The Early Impact and Transmission of His Thought*, Washington D. C. 1997. – Auch für die frühe deutschsprachige Rezeptionsgeschichte wichtige Arbeit.

Matuštík, M. J. und M. Westphal: *Kierkegaard in Post/Modernity*, Bloomington/Indianapolis 1995.

Nordentoft, K.: *Kierkegaards Psykologi*, Kopenhagen 1972 (engl.: *Kierkegaard's Psychology*, 1978).

Rehm, W.: *Kierkegaard und der Verführer*, München 1949. – Behandelt Kierkegaards Verhältnis zur Romantik, besonders in literarischer Hinsicht.

Schäfer, K.: *Hermeneutische Ontologie in den Climacus-Schriften Sören Kierkegaards*, München 1968. – Philosophisch orientierte Darstellung in zuweilen eigenwilliger Sprache; die Anmerkungen enthalten eine Fülle von philosophiehistorischen Detailuntersuchungen.

Schulz, H.: *Eschatologische Identität. Eine Untersuchung über das Verhältnis von Vorsehung, Schicksal und Zufall bei Sören Kierkegaard*, Berlin/New York 1994.

Sløk, J.: *Kierkegaards univers. En ny guide til geniet*. Viby 1983 (dt.: *Christentum mit Leidenschaft. Ein Weg-Weiser zur Gedankenwelt S. Kierkegaards*, München 1990). – Ebenso souveräne wie schlichte Darstellung einiger Hauptzüge in Kierkegaards Denken.

Stewart, J.: *Kierkegaard's Relations to Hegel Reconsidered*, Cambridge 2003. – Untersucht detailliert die vielfältigen Beziehungen Kierkegaards zu Hegel; philosophiehistorisch und begriffsgeschichtlich orientiert; die umfassendste Darstellung des frühen dänischen Hegelianismus.

Theunissen, M.: *Das Selbst auf dem Grund der Verzweiflung. Kierkegaards negativistische Methode*, Frankfurt a. M. 1991. – Untersucht *Die Krankheit zum Tode* unter methodologischem Aspekt.

Theunissen, M. und W. Greve: *Materialien zur Philosophie S. Kierkegaards*, Frankfurt a. M. 1979. – Anthologie, bietet u. a. einen hilfreichen Überblick über Kierkegaards Werk, einen Abriss der Wirkungsgeschichte, Artikel zu einzelnen Themen und eine umfangreiche Bibliografie.

Schlüsselbegriffe

Augenblick Bezeichnet einerseits den einzelnen in Genuss oder Verzweiflung hingebrachten Moment der Zeitlichkeit. Andererseits auch die »Fülle der Zeit«, d. h. das »Atom der Ewigkeit«, verstanden als Zusammenfallen von Zukunft, Gegenwart und Vergangenheit vor der Folie der Ewigkeit. Im Augenblick schneiden sich Ewigkeit und Zeitlichkeit.

Dialektisch Beschreibt bei Kierkegaard manchmal lediglich ambivalente, komplexe, schwierige, eventuell zweifelhafte Sachverhalte. Sonst verwendet Kierkegaard den Ausdruck mit Bezug auf die griechische Dialektik, also auf die Kunst der Gesprächsführung und deren begriffliche Bestimmungen. Schließlich bezeichnet »dialektisch« auch die Darstellung oder Analyse von Begriffen oder Phänomenen, die ohne Berücksichtigung des jeweiligen Gegensatzes nicht auszuführen ist.

Erbaulich Zunächst kennzeichnet »erbaulich« eine literarische Gattung, die in sich wieder nach Inhalt oder liturgischen Erfordernissen gegliedert ist. Kierkegaards »erbauliche Schriften« sind unter seinem eigenen Namen erschienen, im Gegensatz zu den meist eher explizit »philosophischen« Schriften. Letztere zielen auf Differenzen, z. B. in der philosophischen Bildung der Leser. Die erbaulichen Schriften richten sich hingegen auf etwas allgemein Menschliches, auf etwas, was allem Menschlichen zu Grunde liegt. Damit im Zusammenhang steht ferner die inhaltliche Bestimmung des Erbaulichen. Die erbaulichen Schriften haben sozusagen ein »therapeutisches« Anliegen, da sie versuchen, von diesem Grund aus (es ist die Leidenschaft bzw. die Liebe) aufzubauen, zu erbauen. Weil es dabei zunächst darum geht, etwas Verschüttetes und falsche Einschätzungen freizulegen, muss das Erbauliche stets mit einer »Negativität«, mit dem »Entsetzlichen« beginnen.

Existenz Mit diesem Ausdruck wird das Dasein des Menschen bestimmt. Die Existenz besteht darin, dass der Mensch aus dem Unendlichen und dem Endlichen, dem Ewigen und dem Zeitlichen, der Freiheit (Möglichkeit) und der Notwendigkeit zusammengesetzt ist. Ein anderer Ausdruck hierfür ist »Synthese«. Die Synthese kann sowohl unter einem zeitlichen als auch unter einem modalen Aspekt betrachtet werden. Diese sich widersprechenden Bereiche können nur in Leidenschaft zusammengehalten werden. Aufgrund dieser ontologischen Verfasstheit des Menschen wird Existieren darüber hinaus durch Werden und Streben charakterisiert, die der Existenz das Merkmal der Unabgeschlossenheit und Offenheit verleihen.

Freude Kierkegaard definiert Freude als »sich selbst gegenwärtig sein«. Dies hat einen ewigen Aspekt, nämlich »man selbst sein«, und einen zeitlichen Aspekt: »sich selbst bewahren«.

Mitteilung, indirekte Wenn der Inhalt einer Mitteilung in logischer oder ästhetischer Hinsicht ihrer Form widerspricht, kann keine direkte Mitteilung erfolgen. Aussagen wie »Sei spontan« oder »Sei du selbst« sind selbstwidersprüchlich. Diesem Problem versucht Kierkegaard mit der so genannten indirekten Mitteilung zu begegnen. Bezogen auf die Existenz des Menschen müssen indirekte Mitteilungen doppelt reflektiert sein, d. h., einerseits den Ausdruck berücksichtigen und andererseits das Verhältnis dessen, der eine Mitteilung macht, zu deren Inhalt. Die indirekte Mitteilung ist vor allem im ethischen und religiösen Bereich erforderlich, da ihre Gegenstände (z. B. Glaube, Inkarnation) als paradox betrachtet werden.

Philosophie Wenn Kierkegaard von Philosophie im Sinne der zeitgenössischen spekulativen Philosophie spricht, tut er das fast immer abwertend. Eine positive Rolle schreibt er jedoch der *secunda philosophia* (der zweiten Philosophie) zu. So formuliert Vigilius Haufniensis im *Begriff Angst:* »[…] man könnte unter πρωτη φιλοσοφια [der ersten Philosophie, d. h. der Metaphysik] die wissenschaftliche Totalität verstehen, die man die ethnische [d. h. heidnische, also nicht christliche] nennen könnte, deren Wesen die Immanenz bzw. griechisch gesprochen die Erinnerung ist, und unter *secunda philosophia* [der zweiten Philosophie] jene, deren Wesen die Transzendenz bzw. die Wiederholung ist.« (*BA SKS* 4, 328 f./18 f.)

Sprung Kierkegaard lehnt die Möglichkeit eines graduellen oder gar notwendigen Übergangs zwischen qualitativ getrennten Begriffen oder Zuständen ab. Der Sprung ist eigentlich als Gegenkonzept zu Hegels Auffassung der Vermittlung gedacht. Kierkegaard selbst führt den Ausdruck »Sprung« auf Lessing zurück, doch findet er sich auch bei Hegel. Der Sprung bzw. der qualitative Sprung geschehe in Freiheit, durch einen Bruch mit der Immanenz, in Leidenschaft.

Stadientheorie Geraume Zeit nach Kierkegaards Tod entstandene Interpretationstheorie. Sie stützt sich hauptsächlich auf einige Bemerkungen in *Stadien auf des Lebens Weg* und besonders in der *Nachschrift* und unterscheidet streng zwischen den Lebenssphären des Ästhetischen, Ethischen und Religiösen. Zwischen dem ästhetischen und dem ethischen Stadium liegt der Grenzbereich (*Confinium*) der Ironie, zwischen dem Ethischen und dem Religiösen der Humor. Das religiöse Stadium wird wiederum in eine Religiosität A (allgemeine, immanente Religiosität) und eine Religiosität B (paradox akzentuierte, transzendente Religiosität = Christentum) unterteilt.

Synthese Siehe Existenz.

Das Ursprüngliche Kierkegaard bezeichnet dies auch als Primitivität und meint damit das Individuum, wie es – theologisch gesprochen – »aus Gottes Hand« ist. Jeder Mensch ist »primitiv als ein Selbst angelegt« (*KT SV1* XI, 146 f./30), das es – durch die Wiederholung – zu verwirklichen gilt. Das Ursprüngliche ist das, was jeder Mensch hat, aber nur wenn er es haben will. Der Mensch kann es nur haben, indem er es beständig erwirbt, und es kann nur erworben werden, wenn er es beständig hervorbringt. Kein anderer Mensch kann es ihm geben. Deshalb grenzt Kierkegaard das Ursprüngliche, diese »wesentlichere Zufälligkeit« des Individuums, von missverstandenen Selbstbestimmungen, die auf dem »Vergleichen« beruhen, ab. Indem sich der Mensch nämlich an den Erwartungen der anderen und den eigenen engen Vorstellungen seiner selbst orientiert, beraube er sich der Ursprünglichkeit.

Verzweiflung »Verzweiflung« bezeichnet ein Missverhältnis zum eigenen Selbst, zur eigenen Existenz. Sie kann sich laut Kierkegaard unter anderem als Langeweile, Borniertheit, Fantasterei und Schwermut äußern. Am genauesten wird die Verzweiflung in der *Krankheit zum Tode* dargestellt und definiert. Als Formel wird angegeben: verzweifelt man selbst sein wollen oder verzweifelt nicht man selbst sein wollen. Wenn dieses Missverhältnis im Verhältnis zu Gott betrachtet wird, wird es als Sünde bestimmt. Den Gegensatz zur Verzweiflung bildet dann der Glaube. So heißt es in der *Krankheit zum Tode*: »Indem es sich zu sich selbst verhält und indem es es selbst sein will, gründet das Selbst durchsichtig in der Macht, die es gesetzt hat. Eine Formel, die wiederum, woran des Öfteren erinnert wurde, die Definition für den Glauben ist.« (*KT SV1* XI, 241/134)

Wiederholung Im Gegensatz zur platonischen »Erinnerung« *(Anamnesis)*, deren Verhältnis zum Ewigen durch eine Rückwärtsbewegung gekennzeichnet ist, ist das Verhältnis der Wiederholung zum Ewigen durch eine Vorwärtsbewegung (in der Zeit) charakterisiert. Konkret dargestellt wird die Wiederholung in *Furcht und Zittern* am Beispiel des Abraham. Wiederholung bezeichnet für Kierkegaard die durch den Glauben gewonnene zweite Unmittelbarkeit. Anders formuliert: Wirkliches Menschsein ist die Wiederholung des Ursprünglichen.

Zeittafel

1813	Sören Aabye Kierkegaard wird am 5. Mai 1813 in Kopenhagen geboren.
1830	Im Oktober schreibt sich Kierkegaard als Student der Theologie an der Kopenhagener Universität ein.
1834	Kierkegaards Mutter, Ane Sörensdatter Kierkegaard, stirbt am 31. Juli.
1838	Kierkegaards Vater, Michael Pedersen Kierkegaard, stirbt am 9. August. Am 7. September erscheint Kierkegaards erste selbstständige Schrift: *Aus den Papieren eines noch Lebenden*.
1840	Vom 19. Juli bis 6. August reist Kierkegaard nach Jütland, in die Heimat des Vaters. Am 8. September verlobt er sich mit Regine Olsen (1822-1904).
1841	Kierkegaard verteidigt seine Magisterabhandlung (seit 1854 gleichgestellt mit Dissertation) *Über den Begriff der Ironie* am 29. September. Am 25. Oktober reist er das erste Mal nach Berlin.
1842	Rückkehr aus Berlin am 6. März.
1843	Zweite Berlinreise vom 8. Mai bis Ende Juni.
1845	Am 27. Dezember provoziert Kierkegaard den Corsaren-Streit. Die satirische Zeitschrift wird sich bis an sein Lebensende über ihn lustig machen.
1846	Die *Abschließende unwissenschaftliche Nachschrift* erscheint Ende Februar. Zunächst als Abschluss der schriftstellerischen Tätigkeit gedacht, stellt sie aus späterer Sicht deren Wendepunkt dar. Im Mai verbringt Kierkegaard einige Tage in Berlin.
1854	Bischof Jakob Peter Mynster stirbt am 30. Januar. In der Gedenkrede bezeichnet ihn Hans Lassen Martensen als »echten Wahrheitszeugen«. Im April wird Martensen Nachfolger von Mynster. Am 18. Dezember leitet Kierkegaard mit dem Zeitungsartikel »War Bischof Mynster ein ›Wahrheitszeuge‹, einer

der ›rechten Wahrheitszeugen‹ – ist das die Wahrheit?« seinen sarkastisch geführten Kirchenkampf ein.

1855 Am 26. Mai erscheint zum ersten Mal Kierkegaards agitatorische Streitschrift »Der Augenblick«.

Am 2. Oktober bricht Kierkegaard auf der Straße zusammen und wird in ein Spital gebracht. Am 11. November stirbt er. Die Beisetzung ist am 18. November.

Grundwissen Philosophie

Grundwissen Philosophie führt zugleich anspruchsvoll und dennoch verständlich in die zentralen Fragestellungen der Philosophie ein. Unterstützt von einem renommierten wissenschaftlichen Beirat vermitteln unsere Autoren gleichermaßen dem philosophisch interessierten allgemeinen Publikum sowie dem Fachpublikum (Schüler, Lehrer, Studenten) fundierte Kenntnisse. In der Reihe erscheinen alle bedeutenden Personen und Sachthemen, die vermittelt oder unmittelbar im Kontext aktueller gesellschaftlicher Fragestellungen eine Rolle spielen. Jeder Band enthält:

Kernthesen
Mit einer problemorientierten Hinführung wird dem Leser Basiswissen für eine weiterführende kritische Auseinandersetzung mit dem jeweiligen Autor/Thema vermittelt.

Schlüsselbegriffe
Zentrale Termini werden noch einmal gesondert dargestellt, um einen schnellen und unkomplizierten Überblick zu ermöglichen.

Zeittafel
Wichtige Lebensdaten und Werke sind hier schnell aufzufinden.

Kommentierte Bibliografie
Weiterführende Literatur wird im Anhang fundiert kommentiert, um dem Leser Orientierung bei der oftmals unübersichtlichen Vielzahl der Literatur zu bieten.

... reihenweise Wissen

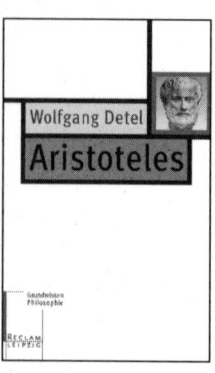

Wolfgang Detel: Aristoteles
162 Seiten, RBL 20301
€ [D] 9,90 / € [A] 10,20 / sFr 18,10
ISBN 3-379-20301-7

Aristoteles erfand eine große Anzahl wirkungsmächtiger Ideen und Theorien – von der Logik über die Metaphysik, rationale Theologie und Biologie bis hin zu Ethik und politischer Philosophie. Detel stellt sie im Zusammenhang dar und weist in einem eigenen Kapitel auf ihre Aktualität hin.

Eva-Maria Engelen: Descartes
118 Seiten, RBL 20123
€ [D] 9,90 / € [A] 10,20 / sFr 18,10
ISBN 3-379-20123-5

»Ich denke, also bin ich.« Die Descartsche Wende ist sprichwörtlich in der Geistesgeschichte. Wegweisend steht der Philosoph und Mathematiker am epochalen Wendepunkt vom Barock zur Aufklärung und Moderne.

Udo Tietz: Heidegger
168 Seiten, RBL 20117
€ [D] 9,90 / € [A] 10,20 / sFr 18,10
ISBN 3-379-20117-0

Einflussreich, vieldiskutiert und heftig umstritten – der Philosoph, der das Sein wieder ins Zentrum des Denkens rückte.

Herbert Schnädelbach: Kant
160 Seiten, RBL 20124
€ [D] 9,90 / € [A] 10,20 / sFr 18,10
ISBN 3-379-20124-3

Kant ist nicht nur der wirkungsmächtigste Philosoph des ausgehenden 18. Jahrhunderts, sondern darüber hinaus der philosophische Klassiker unserer Epoche – der klassische Philosoph der Moderne.

Andreas Gelhard: Levinas
138 Seiten, RBL 20300
€ [D] 9,90 / € [A] 10,20 / sFr 18,10
ISBN 3-379-20300-9

Levinas führte die phänomenologische Philosophie in Frankreich ein und radikalisierte sie zu einem »Humanismus des anderen Menschen«. Am 12. Januar 2006 wäre er hundert Jahre alt geworden.

Heiner Hastedt: Sartre
140 Seiten, RBL 20120
€ [D] 9,90 / € [A] 10,20 / sFr 18,10
ISBN 3-379-20120-0

Jean-Paul Sartre, der so bewunderte wie geschmähte Begründer des französischen Existentialismus, der Schriftsteller und streitbare Intellektuelle, wäre am 21. Juni 2005 hundert Jahre alt geworden.

Dirk Baecker: Kommunikation
120 Seiten, RBL 20119
€ [D] 9,90 / € [A] 10,20 / sFr 18,10
ISBN 3-379-20119-7

Wie ist Kommunikation möglich, wenn die Gedanken eines jeden Menschen in seiner Brust verschlossen sind, fragt die europäische Philosophie seit John Locke. Nur deswegen, weil das so ist, ist Kommunikation möglich, antwortet die moderne Soziologie.

Dieter Sturma: Philosophie des Geistes
139 Seiten, RBL 20122
€ [D] 9,90 / € [A] 10,20 / sFr 18,10
ISBN 3-379-20122-7

Was ist Bewusstsein? Im Zeitalter der Hirnforschung und künstlichen Intelligenz entwickelt die Philosophie des Geistes neue Antworten auf die alte Frage nach dem Verhältnis von Bewusstsein und Körper. Klar und prägnant erläutert Sturma ihre Ansätze.

Reinhard Mehring: Politische Philosophie
139 Seiten, RBL 20121
€ [D] 9,90 / € [A] 10,20 / sFr 18,10
ISBN 3-379-20121-9

Reinhard Mehring erläutert den systematischen Ansatz Politischer Philosophie, geht ihren literarischen Traditionen nach und beschäftigt sich mit ihren aktuellen Aufgaben.

Detlef Horster: Sozialphilosophie
160 Seiten, RBL 20118
€ [D] 9,90 / € [A] 10,20 / sFr 18,10
ISBN 3-379-20118-9

Soziale Wandlungsprozesse erfordern neue Sehweisen von Politik und Kultur, von Individuum und Gesellschaft. Dieses Buch stellt die philosophischen und soziologischen Perspektiven vor, die zur Neuorientierung der menschlichen Gemeinschaft unverzichtbar sind.